光文社知恵の森文庫

柏井 壽

ふらりと歩き　ゆるりと食べる京都

光文社

本書は『ゆるり 京都おひとり歩き 隠れた名店と歴史をめぐる〈七つの道〉』（二〇一四年一〇月 光文社新書）を改題、加筆・修正し、文庫化したものです。

はじめに

京都ほど歩く愉しみを多く与えてくれる街は、他にはない。京都に生まれ育って、古希《こき》を越える今に至るまで、歩き続けている僕が言うのだから間違いない。加えて僕は、ずっと京都にとどまっているのではなく、日本中を歩き回っている。他の街と比べるというのも考えてみれば失礼な話だとは思うが、歩いて愉しい街の日本一は、やっぱり京都だと断言する。

なぜそんなに愉しいかと言えば、歩く度に何かしら発見があるからだ。それは初めて見つけたものもあるが、見慣れたものに、新たな気付きが加わることが圧倒的に多い。

そういうことだったのか。

今、目の前にあるものを見ているだけでなく、そこに過去の歴史というものを重ね合わせて、初めて気付くこと。

たとえば寺。その場所にあることを、当たり前のように思ってきたが、なぜそこに、その寺が建っているのか。そんな疑問を持ち、辿《たど》ってみると、そこには必然性もあれば偶然もあることを知る。

できることなら、おひとりで歩いていただきたい。そして思う存分疑問を持ち、気付き、納得するまで、つぶさに見てほしいと願う。

それぞれの道筋にある、美味しい店も併せてご紹介するが、今話題の店とか行列の絶えないような人気店は省いた。今更僕がわざわざ紹介する必要もないだろうし、早くから予約したり、長い行列に並んだりすることは、本書の趣旨に合わない。

殆《ほとん》どが、地元の京都人がふらりと入って、さらりと食べる店である。中には一向に京都らしさを感じられない店もあるだろうが、本物の店はわざわざ京都らしさを演出する必要がない、ということにも気付いていただければ幸いである。

コース立てしているが、決して無理をしないようにしてもらいたい。二回に分けてもいいし、ピンポイントで訪ねてもいい。あるいは、歩くことを旨としているが、途中は交通機関を利用して、ショートカットするのもいい。

たとえば「第五の道」の四条通。この道はかなりの長距離になるので、並行して運行されている市バスや私鉄を利用すれば、比較的楽に巡ることができる。地図をにらみながら、ご自分だけのコースを作っていただければ幸いである。

道筋を辿り、普通のガイドブックには決して登場しないだろう仏さまに出会い、そっと手のひらを合わせる。そんな京都歩き。どうぞごゆるりと。

目次……ふらりと歩き、ゆるりと食べる京都

第二の道

千本通を北から南へ

――西陣の通称寺を巡り、小野篁の面影を追う

第三の道

雨宝院から出水の七不思議へ

――織物の街に暮らす町衆の拠り所を訪ねる

第二章

洛中を歩く

第五の道
四条通を歩く
——人波を縫って、祇園さんから賽の河原へ

第三章 洛東から洛南へ縦横歩き

第七の道の美味しい店　280

※本文中の店舗データは、二〇二三年九月現在のものです。
※本文に登場する寺社や店舗などの仮名や番号は、298～309ページの地図と、310～333ページの巻末データに対応しています。ただし地図はあくまで目安で、実際の位置とは多少ズレている場合があります。
※本文中の写真は編集部で撮影したものです。

第一章

洛北から西陣へ歩く

浄福寺

大方が、京都の地域を洛北、洛西、洛中、洛東、洛南と五つに分けているが、どこからどこまでを呼ぶか、という厳密な決まりはない。境界が極めて曖昧《あいまい》。そこもまた京都らしいのではあるが。

同じ場所を時に洛北と言い、場合によっては洛中と呼んだりもする。本書に於《お》いても地域分けは学術的、あるいは歴史的呼称に基づくものではなく、空気感によるところが大きい。機織《はたお》りの音が聞こえてきそうなところは、なんとなく西陣《にしじん》、という程度だと心得ていただきたい。

京都の中でも、比較的、昔の空気がそのまま残されているエリア。いわゆる京言葉も、この地域内では変わらず使われている。地図を広げて辺りを見回していると、きっと声を掛けられるだろう。

「どちらへお行きやすのん?」

やわらかい京言葉を耳に残して、ゆっくりと歩き始める。

第一の道

蓮台野《れんだいの》を歩く

――洛北の石畳みち、千利休《せんのりきゅう》から紫式部《むらさきしきぶ》まで

洛北紫野《むらさきの》。都大路《みやこおおじ》の北端である。京都駅からは直線距離で六キロあまり。地下鉄とバスを乗り継いで三十分以上かかる。

辺り一帯は、平安時代には宮廷の遊猟地だったというが、住宅地となった今、その面影を探すのは難しい。が、歌枕としての紫野なら、古《いにしえ》の空気はそこかしこに残されている。

――白砂の　豊みてぐらをとりもちて　いはひぞそむる紫の野に――

藤原長能《ふじわらのながとう》が詠《よ》んだ歌は、『後拾遺集《ごしゅういしゅう》』に収められている。

斎王《さいおう》の御所《ごしょ》である、斎院があったことを想起させる歌のごとく、潔斎《けっさい》にふさわしい清廉《せいれん》な空気は今、社寺の石畳に鈍く映っている。

歩き始める起点は、京都市バス46系統の停留所「今宮神社前」。残念ながら46系統は京都駅は通らない。したがって京都駅からはJR嵯峨野《さがの》山陰線に乗って三駅目、二条駅で降り、市バスに乗り換えることになる。

二条駅からまっすぐ北へ。観光客とはあまり縁のない千本通を通る路線も、このコースをお奨めする理由のひとつ。河原町《かわらまち》や烏丸《からすま》、堀川に比べて、都人の暮らしと密に結び付いている通り。

二条より南は、かつて平安京の朱雀《すざく》大路と重なるが、二条より北は、当時船岡山の山麓《さんろく》に設けられた葬送地を目指した道。通りに千本の卒塔婆《そとば》を立てて供養《くよう》したことから、千本通と名付けられたという説もある。多くが暮らす都では、当然のことながら彼岸《ひがん》へと旅立つひとは少なくなく、疫病《えきびょう》が流行したり大火に見舞われたら、おびただしい数になる。それらを葬る地の名にはたいてい〈野〉が付けられ、紫野もそのひとつである。バスに揺られ、窓外を眺めながら、そんなことに思いを馳《は》せつつ心支度をしておきたい。

さて、「今宮神社前」でバスを降りると、目の前に朱塗《しゅぬ》りの社《やしろ》が飛び込んでくる。狛犬《こまいぬ》の間を通って境内《けいだい》に入ってもいいのだが、ちょっとした趣向があるので、素通りして東へ歩く。ものの百メートルも歩けば、今宮通と船岡東通の交差点に立つ。ぐるりと見回すと、京都の街には珍しい五叉路《ごさろ》になっていることに気付く。碁盤の目から外れ、都の中心地からは遠く離れている徴《しるし》でもある。

神社の駐車場へ続く道に、二基の石灯籠《いしどうろう》が建っている。ここからが『今宮神社』（300ページ地図Ａ㋐）への参道となる。

『一和《いちわ》』と『かざりや』の「あぶり餅」

歩き始めてしばらくは、両側に車が並ぶだけの殺風景《さっぷうけい》な道だが、やがて道路の真ん中に石畳が帯のように敷かれた道となる。その入口には常夜燈と刻まれた石灯籠が建っている。奥には社への門が見え、石畳の両側には茶店が二軒向かい合っている。

初めてここを訪れたとしても、きっと誰もが懐かしさを覚える。いつか、どこかで見た光景。デジャヴ？

心理学的にどうこう、という話ではなく、多くが実際に見たことがあるはずだ。それはテレビ時代劇のワンシーン。幾度となくこの場所で

『今宮神社』参道の石灯籠

「あぶり餅」の『かざりや』

丁寧に炭火であぶられる

時代劇ドラマが撮影されたから、きっと印象に残っているだろう場所なのである。

旅人が行き交《か》う街道筋の茶店シーンは、多くがこの店の前で撮影された。取り立ててセットなど組まなくても、このままで江戸時代の場面として通用する店が、今も変わらず現役で営業を続けている。それも同じような構えで、二軒が向かい合って。

左側、すなわち南側にあるのが『かざりや』（地図A❶）。右側にあるのが『一和（一文字屋和輔）』（地図A❷）。どちらも商うのは「あぶり餅」という餅菓子だ。

親指ほどの大きさに切った餅を細い竹串に刺し、きな粉をまぶして炭火であぶる。焼き上がったら甘辛い白味噌を絡ませる。二軒の味にそう違いはない。どちらも素朴な味わい。

『一和』は千年、『かざりや』は四百年。いずれも長い歴史を誇り、元祖、本家を謳《うた》うが、しばしば温泉地に見られるような、醜い売り込み合戦はない。競い合いながらも、互いの領分を侵《おか》さず、淡々と商いを続ける。なんとも京都らしい光景である。

『今宮神社』の〈玉《たま》の輿《こし》〉伝承

東側から境内に入ると、右手に拝殿、そして本社が見えてくる。まずはここにお参りしてから、摂社《せっしゃ》、末社《まっしゃ》を巡るのが『今宮神社』の参拝法。観光客とはあまり縁がなく、さほど広くはない社だが、ここには興味深い末社や見どころが多く存する。

ここで、バスで通ってきた千本通を思い返してほしい。千本にも及ぶ卒塔婆がずらりと並んでいたであろう道筋。死者を伴って行き着いた先は、きっとこの辺りだったのだろう。成仏できぬ魂を鎮めるために、と始《まつ》まったのが〈御霊会《ごりょうえ》〉。平安京が定められる前から、ここには疫神を祀る社があったと言われ、そこで行われていたのが〈紫野御霊会〉。やがて都が定められると、住まう人が増え、疫病蔓延《まんえん》や戦《いくさ》が繰り返されることになる。

そうなると一箇所での〈御霊会〉では手に負えなくなる。そこで「神泉苑《しんせんえん》」や「祇《ぎ》園社《おんしゃ》」、「御霊社」でも〈御霊会〉が行われるようになった。それが京都三大祭のひとつ、〈祇園祭〉のはじまりである。つまり〈祇園祭〉はここ紫野から生まれたものだとも言えるのだ。

その嚆矢《こうし》ともなったのが素戔嗚尊《スサノオノミコト》を祭神とする「疫社」。そしてその〈紫野御霊会〉は今宮祭となり、やがて〈やすらい祭〉と名を変えて、今も毎年四月の半ばに行われている。

京都中の都人はこぞって神輿《みこし》のお供をして、船岡山へと登り、華やかな綾傘《あやがさ》に風流を施し、賑《にぎ》やかな囃子《はやし》に合わせて唄《うた》い踊ったと言われている。その後、病魔を封じ込めた人形を難波江《なばえ》に流し、疫病退散を願い、不慮の死をとげた死者の魂を鎮《しず》めたと伝わる。

今も行われている〈やすらい祭〉ではその一端を垣間見《かいまみ》ることができ、精霊《しょうりょう》と悪《あく》霊《りょう》の化身《けしん》が春の訪れを告げる様に古き都の歴史を思わずにはいられない。

はんなりした都として、多くが憧《あこが》れを抱く京都だが、長い歴史の中では、おびただしい数の骸《むくろ》を土に埋め、葬り去ってきた。いや、埋められもせず、放置された死者のほうが圧倒的に多いだろう。それ故《ゆえ》、京の都には寺や社が多く存し、その霊を鎮め、成仏《じょうぶつ》を願ってきたのである。京都の寺社仏閣を巡るとき、必ずそのことは心に留め置きたい。

ここ『今宮神社』の境内には、お稲荷《いなり》さんをはじめとして、幾社もの末社が祀られている。

お伊勢さんの別宮《べつぐう》である「月読社《つきよみしゃ》」や近江「日吉大社」の祭神《さいじん》を祀る「日吉社」など、あちこち回らずとも様々な神さまと出会えるのはありがたい。

中で最も興味を引かれるのは「織姫社《おりひめしゃ》」。七夕伝説の織姫に、機織りを教えたという神さまが祀られ、界隈《かいわい》の西陣織をはじめとした、織物関係の人々から篤《あつ》く崇拝《すうはい》されている。この社にちなんだ菓子が近くの菓子屋にあるが、それはまた後で。

「織姫社」

まだまだ見どころがある。たとえば「宗像社《むなかたしゃ》」の社壇の側面の台石《だいいし》に彫られた鯰《なまず》。この社は弁天さんとも呼ばれ、鯰はその神の使者として彫られたようだ。今では地震の被害を除《よ》けようとお参りする人も見掛ける。
あるいは〈阿呆賢《あほかし》〉さんと呼ばれる石。小さな祠《ほこら》に鎮座するこの石には、ふた通りの意味がある。ひとつには病気平癒《へいゆ》。〈神占石《かみうらいし》〉とも称され、

「阿呆賢」さん

石を撫《な》で、その手で身体の悪いところを擦《さす》ると、たちまちのうちに快癒すると言われる。ふたつには諸願成就《しょがんじょうじゅ》。〈重軽《おもかる》石《いし》〉とも称され、最初に軽く手のひらで三度石を打ち、持ち上げると重く感じ、次に願いを込めて三度手のひらで撫でて持ち上げる。そのときに軽くなれば願いが成就するという謂《いわ》れがある。

『今宮神社』には様々な顔があるが、若い女性の間でよく知られているのは、〈玉の輿〉伝承発祥の社ということだろう。

江戸期、西陣の八百屋に生まれたお玉という女性。父の死後、関白に仕える男の養女となり、その後紆余曲折《うよきょくせつ》を経て、春日局《かすがのつぼね》の部屋子《へやご》となった。その際、徳川家光に見初《みそ》められ、側室に上り詰めることとなる。お玉が産んだ子が、後に綱吉となったことで、お玉は大奥で権勢《けんせい》をふるうことになる。

家光の死後、お玉は大奥を離れ筑波山《つくばさん》の知足院《ちそくいん》に移って、桂昌院《けいしょういん》と名乗る。家綱の跡を継いで、息子綱吉が五代将軍となったため、桂昌院も江戸城の三の丸に入り、ついには従一位の官位を賜《たまわ》るまでに至る。

八百屋の娘だったお玉が、女性としては最高位にまで出世したことから〈玉の輿〉

伝承が生まれた。そしてそのお玉、つまり桂昌院は『今宮神社』が荒廃していると聞いて、神社再興に社領百石を寄進して社殿を修復した。

『今宮神社』は桂昌院ゆかり、すなわちお玉ゆかりの社として、〈玉の輿〉伝承にあやかろうとする女性たちに人気を博しているというわけだ。

洛北の鄙《ひな》びた地に建つ、さほど名の知られぬ社ひとつにも、これほどに多くの見どころや逸話、伝承が残されている。これが京都の奥深さである。

『今宮神社』を出て、今宮通を南に渡る。『今宮神社』の前の通りだから今宮通。京都にはこうした通り名が多い。メルクマールとなる寺社を中心として、東西や南北に延びる通り。この今宮通は、西は千本通から、東は賀茂《かも》街道まで続く東西の通りで、僕が子供のころは六間《ろっけん》通とも呼ばれていた。当時は道幅六間ある広い通りは少なく、この北にある通り、北山通はその倍の道幅があり、十二間通と呼ばれていた。

今でも年輩のタクシードライバーだと、今宮通と行先を告げると、六間通?と聞き返されることがある。一間はおよそ一・八メートルだから、約十メートル。今となってはさほど広いとは思えない。

千利休と金毛閣《きんもうかく》——『大徳寺《だいとくじ》』

今宮通を渡り、歩くのは東側の歩道。しばらくは民家が続くが、やがて土塀が見えてくる。ここから南東方向に広がるのが、京都を代表する禅宗寺院『大徳寺』（地図A㋑）。

ちなみに右、西側に広がるキャンパスは、京都市立紫野高校。我が母校である。僕はここで三年間学んだ。制服もなく自由な校風で、伸びやかにキャンパスライフを愉しんだ。授業の合間や昼休みに散策したのが『今宮神社』であり、そして『大徳寺』だった。

臨済宗大徳寺派の総本山である『大徳寺』は、広大な境内を持ち、ふたつの別院と二十二にも及ぶ多くの塔頭《たっちゅう》を擁《よう》するが、その殆《ほとん》どは拝観を許していない。時期にもよるが、普通に中を拝観できるのは、「龍源院《りょうげんいん》」、「瑞峯院《ずいほういん》」、「大仙院《だいせんいん》」、「高桐院《こうとういん》」の四つだけである。

それぞれに歴史を持ち、時代を映す塔頭は、その門前に立って佇《たたず》まいに触れるだけでも、充分様子をうかがい知ることができる。たとえ塔頭寺内には入れずとも、境内の縦横に延びる石畳をあてもなく、ふらりと歩くのも愉しい。

さて、『大徳寺』と言ってすぐに思い起こすのは、千利休と金毛閣だ。

大燈国師《だいとうこくし》を開祖とする、臨済宗大徳寺派の大本山であるにもかかわらず、足利の世には五山十刹《ござんじっせつ》から外され、不遇《ふぐう》の時がしばらく続くことになる。

それ故かどうか、普請《ふしん》半ばで放置されていた山門を修復し、二階建ての立派な門に作り上げたのが千利休。禅宗の寺には不似合いなほど赤く仕上げ、金毛閣と名付けた門の二階に雪駄《せった》履きの自身の像を設置した利休は、このことで秀吉の強い怒りを買うこととなる。

金毛とは悟りを開いた名僧のことを言い、それを利休自身になぞらえたのだろうと秀吉は訝《いぶか》しんだ。権力の象徴を思わせる赤に門を染め、秀吉が潜《くぐ》る門の上に利休の像を置いた。なんと傲慢《ごうまん》な振る舞いか、そう思って秀吉はやがて、利休を切腹に追い込むこととなる。ほんとうにそう思ったのか、切腹させる理由付けにしたのかは定かではない。

また、茶の道を築いた利休が本当に驕《おご》り高ぶっていたのかどうか、それも今となっては知る由《よし》もない。豊臣一族の内部抗争に巻き込まれたという説もある。そんなこんな、安土桃山時代の世に思いを馳せながら、山門を見上げるのも一興。

そして、『大徳寺』と言えばもうひとり、一休宗純《いっきゅうそうじゅん》。とんちの一休さんもまた、臨済宗大徳寺派の僧侶《そうりょ》として広く名を残した人物だ。塔頭のひとつ「真珠庵」は、一休を開祖として創建された寺。残念ながら通常は非公開である。

日本人ならオトナからコドモまで誰もが知る、一休和尚《おしょう》と千利休を結びつけたのが、茶人・村田珠光《むらたじゅこう》である。

洛中三条で茶の湯を学んでいた珠光は、三十を過ぎたころに禅僧となり、『大徳寺』の一休宗純のもとに参禅《さんぜん》する。茶の湯に禅の思想を取り入れ、やがて珠光は〈侘《わ》び茶《ちゃ》〉の祖と呼ばれるに至る。その〈侘び茶〉を完成させようとしたのが武野紹鷗《たけのじょうおう》であり、利休はその弟子となった。村田珠光から武野紹鷗、そして千利休へ。今日の茶道の礎《いしずえ》を築いた流れは、ここ『大徳寺』を源としているのだ。これが、当寺を〈茶《ちゃ》面《づら》〉と呼ぶ所以《ゆえん》である。

利休がまだ本名の与四郎を名乗っていたころ、茶の湯を究めんとし、武野紹鷗に弟子入りを祈願《きがん》した。秋も深まったある日、紹鷗に庭掃除を命じられた与四郎は、きれいに掃き清めた後、木をゆすり、庭に落ち葉を散らせた。この趣向に感じ入った紹鷗は、即座に弟子入りを許したという逸話が残っている。

秋に『大徳寺』を訪れたなら、その逸話を彷彿《ほうふつ》させる路《みち》を歩いてみたい。

『高桐院』

加筆中の令和五年の夏、拝観休止中だが、拝観再開の噂もあり、本書が刊行されるころにどうなっているかは不明。期待を込めて以前の記述をそのまま掲載するが、拝観希望の向きは必ず事前にたしかめてから出向いていただきたい。

常時拝観できる塔頭のひとつ、『高桐院』の門を潜ってすぐ右手に、石畳の参道が延びている。秋も深まったころなら、ここに見事なもみじの絨毯《じゅうたん》が敷かれ、侘びた風情を漂わせる。まるで利休が掃き残したかのような風情に、誰もがため息を吐《つ》く。

『高桐院』

利休七哲のひとりとして知られる細川忠興《ほそかわただおき》が、父・細川藤孝《ほそかわふじたか》のために建立《こんりゅう》した寺。忠興は茶人であったと同時に、足利、織田、豊臣、徳川と、時の権力者に仕《つか》える武将でもあった。侘びた空気の中に、どことなく、鋭い刀の切っ先のようなシャープな風を吹かせているのは、それ故のことだろうか。

あるいはガラシャ夫人の影響もあって、異郷の香りも漂わせている。本堂西側庭園奥に建つ春日灯籠は、忠興とガラシャ夫人の墓塔《ぼとう》となっていて、これは利休愛蔵のものと伝わり、秀吉に所望《しよもう》されたが、蕨手《わらびて》に傷があることを理由に断ったとも言われている。しかし一方で、忠興は「完璧過ぎる」と言って、笠の後ろ部分を大きく欠け取ったのだそうだ。この辺りに、茶の道のエキセントリックな情動が垣間見えて興味深い。

ふたつの茶室、「松向軒《しようこうけん》」と「鳳来《ほうらい》」、書院、本堂など細かく見れば、幾つもの見どころがある。禅宗と茶道の接点をうかがい知るには格好の寺。

『松屋藤兵衛《まつやとうべえ》』の「珠玉織姫《たまおりひめ》」

『大徳寺』を出てすぐ、大徳寺通を下って、北大路通に出た東側、角から二軒目にあるのが『松屋藤兵衛』(地図A❸)。銘菓「紫野松風」で知られる和菓子店は、その構えからしていかにも京都らしく、初めて訪ねるときは些《いささ》か臆《おく》するかもしれないが、是非足を運んでみたい店だ。

最も人気のある菓子「紫野松風」は、小麦粉に砂糖と麦芽から作った飴を加え、白味噌を入れ、しばらくねかせてから、発酵させた生地《きじ》を焼いたものである。上に散らした「大徳寺納豆」と白胡麻が、絶妙のアクセントになっている。この「大徳寺納豆」というのも辺りの名産品で、これだけでも立派な京土産になるので、項を変えて後述する。また「松風」という菓子は他にも、京都御苑《ぎょえん》近くにある『松屋常盤《まつやときわ》』や西本願寺にほど近い『亀屋陸奥《かめやむつ》』にもあって、見た目にはよく似ていても微妙に味わいが異なり、それぞれにファンが付いている。食べ比べてみるのも一興。

『松屋藤兵衛』

『松屋藤兵衛』の「紫野松風」

もちっとした歯応えのカステラ、といった感じの「紫野松風」もいいが、この店で是非求めたいのは「珠玉織姫」。

赤は梅、黄は生姜《しょうが》、白は胡麻、青は柚子《ゆず》、茶はニッキという五色の丸い干菓子で、それぞれ風味が異なる。寒梅粉《かんばいこ》に白蜜を混ぜて固めたものだが、この菓子は『今宮神社』の「織姫社」にちなんで作られたもの。菓銘の「珠玉」はきっとお玉、すなわち桂昌院を表しているのだろう。

袋入りは通年売られているが、七夕のころともなると、木箱入りの立派な菓子箱が売り出される。紙箱を開けると、木箱の上に、糸巻きを象《かたど》った小皿が一枚入っているという粋《いき》な趣向。

今でこそ、恋人たちのイベントとしてはバレンタインデーが全盛だが、かつて日本には七夕祭という素敵な風習があった。

少し早めに予約をしたい。目安は梅雨入りのころ。電話で頼んでおき、文月《ふみつき》に入ったら店に取りに行く。愛する人に贈れば、きっと喜ばれる。

船岡山でお弁当――『大徳寺さいき家』

京菓子で一服した後は山登り。とは言っても、標高わずかに百十二メートルの低山ではあるのだが。

山というよりは、その名の通り、岡と呼ぶほうがふさわしいと清少納言も気付いていたとみえ、『枕草子』二百三十一段で「岡は船岡」と書いている。それほどに美しい眺《なが》めの岡はまた、平安京を造営する際、南北軸を測る指標となったことでも知られる。

四神相応《しじんそうおう》の地として選ばれた京。青龍《せいりゆう》は鴨川《かもがわ》、朱雀は今はなき巨椋池《おぐら》、白虎《びやっこ》は山陰道。そして玄武《げんぶ》はここ船岡山とされているが、それはどうやら日本式の四神である。本家の中国式に当てはめると、別の地が相応となるようだ。何しろ千二百年も前のことだから、諸説あっても当然だろう。それでもこの地に玄武の名をしばしば見掛けるのは、偶然ではあるまい。

それはさておき船岡山。先に書いたように葬送の地でもあった。

――鳥部野《とりべの》、舟岡、さらぬ野山にも、送る数多かる日はあれど、送らぬ日はなし――

かの兼好法師《けんこうほうし》も『徒然草《つれづれぐさ》』にそう書き残しているほど、弔《とむら》いの列が絶えることはなかったのだろう船岡山。頂上に立つと市内が一望できる、景観の地でもある。盂蘭盆会《うらぼんえ》。五山送り火当夜は、船岡山に登る人は絶えることなく、見晴らしのいい場所は人で溢《あふ》れかえる。送り火の日でなくとも、手軽に京都市内を一望できる場所として覚えておきたい。公園として整備されているから、弁当など携えて山に登り、ベンチに腰掛けて包みを開くのもいい。最初からそれを目当てにするなら、京都駅や近辺のデパ地下であらかじめ求めておくのも悪くない。しかし、界隈の空気も一緒に求めんとするなら、格好の店が大徳寺の近くにある。それが『大徳寺さいき家』（地図

A❹)。

『大徳寺さいき家』の「はも寿司だし巻弁当（夏季限定）」

昔ながらの商店街が長く続く大宮通の中ほどに、ひときわ賑わいを見せるのがこの店。京都の町《まち》衆《しゅう》に長く支持を得てきた仕出し屋の、いわばテイクアウト店だから、デパ地下さながらに、京都らしい美味がずらりと並ぶ。

中でも一番人気は「だしまき玉子」。江戸の玉子焼きと違って甘さは殆ど感じられず、ふんわり柔らかい玉子からは、上品な出汁《だし》の香りが漂う。「さば寿司」をはじめとした寿司類や、手軽な弁当もあり、これを買い求めておき、船岡山で舌《した》鼓《つづみ》を打つのも一興。なかなか使い勝手のいい店である。

『建勲《けんくん》神社』と『玄武神社』

さらにもうひとつ、船岡山には別の顔がある。それは織田信長の武勲を讃《たた》え、その魂を祀る地として都人が篤い信仰を寄せる場所でもあるということ。

明治二年、明治天皇の下命《かめい》によって創建された、織田信長を祀る神社には『建勲神社』（地図A㋒）という名が付けられている。正しくはタケイサオと読むが、多くの京都人は〈ケンクンさん〉と呼んでいる。御祭神は、贈太政大臣《だじょうだいじん》贈正《しょう》一位　織田信長公。信長ファンならずとも、一度はお参りしておきたい社だ。

お参りを済ませ、山を下りる。幾つもの道筋があるが、東山を正面に見て、まっすぐ東に下りる。すると船岡東通に出るので、ここから建勲通を東に進む。

時折り機を織る音が聞こえてきたり、古い豆腐屋があったりと、変わらぬ街並みを歩くうちに、大きなマンションを背にして、ひっそりと佇む神社が見えてくる。ここが『玄武神社』（地図A㋓）。四神相応の玄武に由来する社である。

平安京、北面を鎮護《ちんご》する神。その図柄は亀に蛇が絡むもので、黒色で表される。奈良は明日香《あすか》村、高松塚古墳の奥壁に描かれていたものと同じである。亀は長寿、蛇は商売繁盛の象徴とも言われ、それらを願う参拝客も多い。

蛇に絡まれた亀が、どのようにして都を護《まも》るのか、そんな詮索《せんさく》など一切することなく、ただただ信じてそれを崇《あが》めてきた都人。それは古くから連綿と続いてきて、目には見えない神や鬼との媒《なかだち》をする人物も京都には少なくない。そのひとりが、小野《おのの》篁《たかむら》。昼間は役人として勤めながら、夜には閻魔《えんま》大王の仕事を手伝ったと伝わる人物。

『建勲神社』

『玄武神社』

その小野篁の墓が紫野にあるのも偶然ではないのだろう。

『玄武神社』から東北へ。少しばかり歩いた堀川通沿いに小野篁の墓所がある（地図Aお）。特段の目印があるわけではなく、うっかり通り過ぎてしまいそうな目立たぬ墓所だ。広い堀川通に面してはいるが、墓は奥まった一角に、ひっそりと佇んでいる。京都を代表する有名人だけに、ちょっと意外な気がする。

そして不思議なことに、小野篁の墓と並んで、なんと紫式部の墓が建っている。なぜこのふたりの墓が並び建っているのか。どんな繋《つな》がりがあるのか。

それを解く鍵は「雲林院《うんりんいん》」という寺にある。

墓所は、今は島津製作所の紫野工場の一角だが、かつては「雲林院」の敷地にあったのだろう。これより少しばかり西に行くと、紫野雲林院町という地名になっている。今では小さな寺だが、古くは『大徳寺』の塔頭として広大な敷地を誇っていたに違いない。

紫式部が著した『源氏物語』第十帖の「賢木《さかき》」に、「雲林院」が登場する。光源氏はここに参籠《さんろう》し、天台六十巻を読みすすめる。また亡き母、桐壺《きりつぼ》の更衣《こうい》の兄も寺に籠《こ》もって修行するのだ。

小野篁と紫式部の墓所

かつて「雲林院」の境内には『大徳寺』塔頭の「真珠庵」があったと伝わり、そこには〈紫式部産湯《うぶゆ》の井戸〉がある。この地で生まれ育ったことから、紫野の一字を取って、紫式部と名乗った。

紫式部は故郷に骨を埋《うず》めたということになる。つまり、小野篁はどうなのか。それは次の散歩道で探ってみることにしよう。

第二の道

千本通を北から南へ

――西陣の通称寺《つうしょうでら》を巡り、小野篁の面影を追う

小野篁と閻魔大王

小野篁ゆかりの地は、概《おおむ》ね三箇所に分かれる。最もよく知られるのは『六道珍皇寺《ろくどうちんのうじ》』（304ページ地図E㋕）。敷地内にある井戸を伝って、小野篁が冥界《めいかい》へと赴《おもむ》いたとされる寺だ。その辺りもまた、鳥辺野《とりべの》と呼ばれる葬送の地だった。先にも書いたように、京都で「野」が付く地はあの世との接点だった可能性が高い。

そして、冥界で地獄の閻魔さまのアシストという重要な任務を終えた篁は、また別の井戸を伝って、この世に戻ってくる。それが嵯峨の「清凉寺《せいりょうじ》」にある「福生寺《ふくしょうじ》」。地獄へ行く路が〈死の六道〉なら、この世に戻ってくるのは〈生の六道〉。都大路を横切って、東から西へと、京の地底に地獄が広がっていたのだろう。

東と西。かなりの距離があるのだが、ひと晩でこれを移動するというのだから、小野篁は相当な健脚だったのか。

まさに東奔西走《とうほんせいそう》していた小野篁。ゆかりの地がもう一箇所。洛北に位置する、その名も恐ろしき〈千本ゑんま堂〉（地図Aき）。もちろんこれは通称であって、正式名称は『引接寺《いんじょうじ》』。その名の通り、この寺には閻魔大王さまがいらっしゃる。そして、その閻魔さまから先祖供養の方法を授かった小野篁が建立したのが、この〈千本ゑんま堂〉なのである。

閻魔さまとご対面

現世を浄化するために塔婆を立てて、先祖を再度この世へ迎える供養法が、盂蘭盆会へと発展していくのだから、お盆という行事はここ〈千本ゑんま堂〉から始まったと言っても過言ではない。

そんな由緒正しき寺なのだが、観光客の姿は滅多《めった》に見かけることがない。ここをスタート地点にして、千本通を下り、幾つかの寺を巡ってみよう。おもしろいことに、この辺りには正式名称ではなく、通称で呼ばれる寺や神社が点在しているのである。

さて、この寺。洛北のどこにあるかと言えば、千本北大路から、少し南に下った辺り。この近辺はかつて蓮台野と呼ばれる野辺だった。

古く京都には、三大葬送地がある。ひとつが鳥辺野で、今の清水寺辺り。その入口ともなったのが『六道珍皇寺』だ。もうひとつが化野《あだしの》で、こちらは洛西、嵯峨野の奥に当たる地域である。そして三つ目が、この蓮台野。洛北にあって、紫野という地名とも重なる。

こうして京都の葬送の地を三つ並べてみれば、すべてが小野篁ゆかりの地であることに少しばかり驚く。それもそのはず。三大葬送地を定めたのは、篁その人だからである。

死者が葬られる場所と地獄が近接していても、何ほどの不思議もないのではあるが、こうした一致を見ると、やはり小野篁は本当にあの世とこの世を行ったり来たりしていたのか、と思ってしまう。閻魔大王と小野篁が相談しながら、コヤツは地獄行き、と決めていたのかもしれない。本堂の奥に鎮座する閻魔さまのご尊顔を拝すると、そんな光景が目に浮かぶ。

それにしても、閻魔さまを間近に見られる寺というのも、そうそうあるものではない。まずはその怖いお顔と対峙《たいじ》する。

創建当時の像は、例によって応仁の乱によって焼失している。歴史にタラレバは禁物なれど、もしも応仁の乱なかりせば、京都にはどれほど多くの宝物が残されていただろうか。なんとも勿体無い話である。とは言うものの、現在の像は長享《ちょうきょう》二年（一四八八）、仏師定勢《じょうせい》の手によって刻まれたものだというから、五百年以上も前のもの。充分その歴史的価値はあるのだが。

それはさておき、ご本尊の閻魔大王。たしかに憤怒《ふんぬ》の表情ではあるが、どことはなしに、慈悲の気配もある。地獄の使者のように思われる閻魔大王だが、実は人間が地獄に落ちないよう説いてくださっているのだという。地獄とはこんなに恐ろしいところだぞ。嘘をつくと舌を抜かれるぞ。怖い顔でそう言って、生前の悪行を未然に防ぐ役割を担っているというわけだ。

閻魔さまとお地蔵さま

ここで、寺の正式名称に思いを致す。『引接寺』の引接とは、引接来迎《らいごう》という仏教用語に由来し、俗世で言う、引導を渡すの意。これからの先行きを決めていただくのである。閻魔さまは地獄専門ではなく、時には極楽へも導いてくださるのだそうだ。

念入りにお参りし、叶《かな》うならば極楽へ送ってくださるよう、予《あらかじ》めお願いしておく。

その閻魔大王の意向を汲《く》んで、小野篁はこの地に閻魔さまをお祀りし、死者を弔う教義を広めた。

それまでの都では、貴族や公家《くげ》以外などは、死者が出ても道端に放り出すだけで、つまりはそこいら中に遺体が転がっていたわけだ。その結果、衛生状態が悪化し、疫病が蔓延することとなり、死者がさらに増えるという悪循環を招いていた。これをどうにかしないと、都はいずれ廃墟と化してしまう。そう危惧《きぐ》した篁は、先に書いたように、まず京都の外れ、北、東、西の三方に野辺を作り、そこに死者を集めようとした。そして、ただ集めるだけでなく、土に棺《ひつぎ》を埋め、その上に石を積み、お地蔵さまを置いて、供養の印とした。これが地蔵信仰へと繋がっていくのだから、お地蔵さまの元祖もまた、小野篁ということになる。

そしてそのお地蔵さまは、閻魔大王の変身した姿だと言われている。憤怒の表情を見せる閻魔さまと、柔和《にゅうわ》なお顔のお地蔵さまが同一人物だと言われても、にわかには信じがたい。だが、小野篁と閻魔大王の親密さを考えると、何とはなしに納得してしまう。

京都の街中、いたるところに小さな祠があり、お地蔵さまが祀ってある。たいていは民家の敷地内にあって、それを町内の住民が守っている。よだれ掛けを作り、花を供え、通りがかった人々は頭《こうべ》を垂《た》れ、手を合わせる。お地蔵さまは子供の守り神であると同時に、死者の霊を弔う象徴でもある。そんなお地蔵さまが様々なご利益を授けてくださる寺が、この近辺には幾つもある。後で順に辿っていくとして、小野篁のことをもう少し掘り下げてみよう。

小野篁と紫式部のステキな関係

衆生《しゆじよう》の御霊《みたま》を弔う、ありがたいお寺を作ってくれた小野篁。この寺に奉安《ほうあん》されている立像は、ちょっと不思議なスタイルをしている。左右の袖がまるで宙に浮かぶように、ふわりと持ち上がっている。普段は和服と縁遠い暮らしをしているが、それでも通常、袂《たもと》というか、着物の袖がこんな風にU字形になることはないだろうということくらいは分かる。どうすれば、着物の袖がこんな形になるか。

ここで、はたと思い付く。そうか。小野篁は健脚だったのではなく、風に乗って宙を飛んでいたのだ。そうでなければ、毎晩鳥辺野から化野まで移動できるはずがない。ドラえもんで言うならタケコプターか。乗り物を使わず、何かの道具を用いて宙を舞い、かなりの速度で移動していたのだ。

きっと風を味方に付けていたのだろう。鳥のように風に乗って、袖をまるで羽のように使ったのではないか。そんな想像が当たっているのかどうかは知らないが、この寺では七月に風祭《かぜまつ》りが行われ、境内に吊《つる》された風鈴が涼しげな音を奏で、夜間特別拝観が行われる。七夕にちなんで梶の葉祈願も併せて行われる。今では短冊が一般的だが、かつて願い事は梶の葉に書いていたという故事にちなむもの。

梶の葉と七夕は、京都ではよく見掛ける取り合わせで、冷泉家《れいぜいけ》の乞巧奠《きっこうでん》などがその代表。七夕は「棚機《たなばた》」であり、機織りにちなんだあれこれを飾る。

ここでまた、紫式部と重なる。

コンビを組んでいるのではないかと思うほど、小野篁と紫式部は居場所を同じくする。この『引接寺』でもそれは同じであって、境内に、紫式部の九輪の供養塔が建てられている。

先の墓地といい、あまりに都合よくできているため、ひょっとして観光目的で近年建てられたものじゃないかと訝しんだが、なんと南北朝時代に建てられたものと聞いて、不明を恥じるしかなかった。至徳《しとく》三年というから、一三八六年。今から六百年以上も前に、紫式部を不憫《ふびん》に思った円阿上人《えんあしょうにん》が建立したというのだ。

この辺りから、少しずつ謎が解け始める。なぜ小野篁と紫式部が席を同じくするのか。その答えは『源氏物語』にある。

生前の行いによって、地獄と極楽へ振り分けられる。その分かれ目が何かと言えば、性善と性悪。人を騙《だま》したり惑わせたりすれば、それは性悪とされ、地獄行きの切符を渡されることになる。

そこで紫式部。果たして生前の行いは善か悪か。

残念ながら、その文学的価値以前に、不倫だの何だのと、風紀を乱す小説を書いた罪は重い。そう閻魔大王は判断し、その判決を支持したのが、ほかならぬ小野篁。

――と言いたいところだが、時代がまったく合わない。篁が亡くなって、百二十年以上も経ってから生まれたのが紫式部なのだから。ではあるが、伝承としては、悪くない筋書きだ。

当寺の住職だった円阿上人がある夜、地獄の夢を見る。なんとそこにいたのは紫式部。

不邪淫《ふじやいん》、不殺生《ふせつしょう》、不偸盗《ふちゆうとう》と三つもの罪を犯したことで、地獄で酷《ひど》い責苦《せめく》に遭《あ》っている紫式部の姿を憐《あわ》れんだ円阿上人は、境内に九輪の塔を建ててその御霊を供養したという。円阿上人の夢枕に紫式部が立ったのも、小野篁の導きだったのだろう。

閻魔さま、お地蔵さま、小野篁、そして紫式部。さほど名は知られていないが、錚々《そうそう》たる登場人物によって、見どころの尽きない寺となっている。

苦しみを抜く「釘抜《くぎぬき》地蔵」

『引接寺』を後にして、千本通を南に下る。ほんの二百メートルほど歩いて、通りの向かい側に瓦屋根の小さな門が見える。目指す寺は、この奥にある。

うっかりすれば通り過ぎてしまいそうな、控えめな佇まいの寺の名は『石像寺《しやくぞうじ》』（地図A、301ページ地図B㋗）。とは言っても、そう呼ばれることなど滅多になく、たいていは〈釘抜地蔵〉、もしくは〈釘抜きさん〉と呼ぶ。

屋根の下に掲《かか》げられた扁額《へんがく》には〈家隆山《かりゆうざん》〉と金文字で山号《さんごう》が記され、その両脇には〈釘抜地蔵尊〉と書かれた赤い提灯《ちようちん》が下がっている。山号がない寺もあるが、こうして山門に山号が書かれていると、身が引き締まる。寺と山岳信仰が結び付いた徴とも言える山号は、僕には気になる存在である。〈家隆山〉とは、家が栄えそうな気がする、縁起の良い山号だ。

門を潜り、石畳を進むと、寺の山門が見えてきて、ここには大きな赤い丸提灯が真ん中に下がっている。〈釘抜地蔵〉。寺名ではなく、通称で呼ばれるのも、もっともなことだと思わせる。

山門を潜って境内に入り、まず目に入ってくるのが、大きな釘抜きの像。どこかしらモダンなデザインに見えるのも当然。堂本印象《どうもといんしょう》（京都生まれの日本画家）が製作して、寺に奉納したものなのである。

そして本堂の周りを埋め尽くすように、八寸釘と釘抜きを貼り付けた絵馬が奉納されている。初めて見るとたいていが驚く。先の閻魔大王から連想して、舌でも抜かれるのではと身震いする参拝客もいるが、この釘抜きは人間の苦を抜いてくれるという、実にありがたいものなのだ。

『石像寺』の本堂を覆う絵馬

釘抜きを象った石像

弘仁《こうにん》十年（八一九）の創建というから、平安京が置かれてからしばらく経ったころ。遣唐使として唐に渡った弘法大師空海《くうかい》は、石を持ち帰り、それに自ら地蔵菩薩を彫って、人々の苦しみを救おうとした。苦を抜いてくれる地蔵菩薩は、やがて〈苦抜き地蔵〉と呼ばれ、それがなまって〈釘抜地蔵〉になったと言われている。さらに、石の像が祀られているから『石像寺』というわけだ。

時は下って室町時代。当寺から、さほど遠くない上長者町《かみちょうじゃ》に、ある豪商が住んでいて、原因不明の病に悩まされていた。両手に耐え難いほどの痛みが続き、酷くなる一方。あらゆる療法を試みたが、一向に治る気配はない。わらにもすがる思いで『石像寺』をお参りした豪商は、その夜、不思議な夢を見る。

夢枕に立ったお地蔵さま曰《いわ》く、豪商は、前世で人を恨《うら》み、呪いの人形を作り、両手に八寸釘を打ち付けていた。その報いが両手の痛みとなってあらわれたが、祈りに免じて苦を抜き去ってやる。以後、ゆめゆめ人を恨むようなことなどなきよう。そう言ってお地蔵さまは豪商の手から釘を抜いてみせたという。

翌朝目覚めた豪商は、まったく痛みがないことに気付き、お礼参りに出向く。お地蔵さまに手を合わせ、供え物をしようとした豪商の目に飛び込んできたのは、血だらけになった二本の八寸釘。恐れおののきながらも、毎日『石像寺』参りを欠かさず、その話を聞いた人々はやがて〈苦抜き〉を〈釘抜き〉と呼び替えるようになり、今に至っている。

いつの時代にも、老若男女を問わず、誰もが苦を持っている。身体的な苦であったり、心の苦のこともある。それらを、まるで釘抜きで釘を抜くように、すーっと苦を抜き去ってくれれば、どんなに楽になれるだろう。そう願う人々がこの寺を訪れて祈願し、願いが叶うと、釘二本と釘抜きを貼り付けた絵馬を奉納する。つまりこの本堂の四方を埋め尽くす絵馬は、それだけ多くの衆生が救われた証《あかし》ということになる。何ともありがたい寺ではないか。

本堂の裏手には、重要文化財に指定されている石像、阿弥陀三尊像があり、ひとつの石から彫り出したものとしては、日本最古のものだと言われている。さらにその奥に進むと、弘法大師空海が自ら掘ったという井戸もあり、ここもまた、見どころの多い寺となっている。

『五辻《いつつじ》の昆布』

『石像寺』を後にして、千本通を南に歩くと五辻通に出る。今出川通のひと筋北に当たり、東は大宮通、西は北野天満宮の東門まで。比較的短い東西の通りである。千本通から少し西に入ったところにある「大報恩寺《だいほうおんじ》」、通称〈千本釈迦堂《せんぼんしゃかどう》〉のことは、これまで幾度となく書いてきたので、ここでは省くこととする。お亀伝説、本堂内の刀傷など、見どころの多い寺については是非とも既著をお読みいただきたい。

さてその五辻通。千本通の東北角に『五辻の昆布』（地図AとB❺）という店がある。実に明々白々《めいめいはくはく》な店名である。五辻通にあって、昆布を商う店。その通りである。

京都という街にとって、昆布は極めて重要な素材である。無形文化遺産に指定された和食の出汁は、昆布あってこそ。なぜこれほどまでに京都の和食が注目されるかと言えば、それは昆布のおかげであり、京都の水によって引き出される昆布の出汁が基本となって、京料理が成り立っていると言っても過言ではない。

そんな大事な昆布だが、都人にとっては、出汁を引くこと以前にもっと身近な存在なのだ。昆布そのものを食べる習慣が、肌身に染み付いている。

子供のころ、一番好きなおやつは昆布だったと言うと、たいていは冗談だと思われ

『五辻の昆布』

る。だが事実なのだから仕方がない。小さく切った昆布を口に入れ、しばらく噛《か》んでいると、じわじわと旨味が染み出してくる。おやつ昆布と呼び、それを一番の愉しみとしていたのだから、たしかに変わった子供なのだろう。

あるいは細切りにした昆布の醤油煮。これを卵かけご飯に載せて食べるのは何よりのご馳走《ちそう》で、おやつでも食事でも、昆布は格好のお供だった。そんな京都人の思い入れがたくさん詰まった店である。

おやつ昆布ひとつとっても、昔と違って、様々なバリエーションがある。梅や柚子の風味を付けたもの。カボチャの種を合わせたもの。出汁昆布から、昆布飴、汐吹《しおふき》昆布、佃煮と、見ているだけでも愉しい。もちろん京土産にすれば喜ばれること間違いない。

和菓子『千本玉壽軒《せんぼんたまじゆけん》』

昆布屋さんから千本通を西に渡って、南に下る。十軒も数えないうちに、古風な店構えの和菓子屋が見えてくる。ここが『千本玉壽軒』（地図AとB❻）。昭和初期の創業という、比較的新しい店ながら、老舗の風格を備え、都人の信頼を得ている和菓子商。小屋根の上に掲げられた木の看板。入口の緑の文字が歴史を感じさせる。両側にガ

『千本玉壽軒』

ラスのショーケースを備え、ガラスの三枚戸には暖簾《のれん》が掛かる。京都の和菓子屋といえば、かつてはどこもこんな風だった。ショーケースの中には掛け軸が掛かり、季節の花が活けられ、まるで床の間のように、道行く人の目を愉しませる。そこに、さりげなく菓子が置かれ、甘い香りと共に、店へと誘《いざな》う仕掛けになっている。万事控えめなのが好ましい。

季節の上生菓子もいいが、この店の名物は「西陣風味」。ゴマの入ったこし餡《あん》を羽二重餅《はぶたえもち》の皮で巻き、それを反物《たんもの》に見立て、呉服と同じように、たとう紙に包み、こよりで結んだ菓子。織物で栄えた街・西陣ならではの意匠《いしょう》で、今ドキのスイーツにはない品格がある。これも京土産に最適である。

『越後家多齢堂《えちごやたれいどう》』の「カステイラ」

お菓子屋さんをもう一軒。和菓子ではないが、かと言って、洋菓子と呼ぶにはあまりに日本的なるもの。カステラの店である。

カステラと言えば長崎名物だが、京都にも美味しいカステラを作る店が何軒かある。その殆どは店仕舞《みせじま》いしてしまったが、唯一健在とも言えるのがこの『越後家多齢堂』（地図B❼）。千本今出川から少しばかり東に入った北側にある。

京都人は、実はカステラ好き。僕が子供のころなどは、よく贈答品として、京都人の間をカステラが行ったり来たりしていた。

『越後家多齢堂』の「カステイラ」

当時、うちの家がよく贈っていたのは、四条河原町近くにあるNという店のカステラで、なかなかの人気店だった。ところが、ある年のお中元だったかに、Nのカステラを贈った先から、あろうことか、同じようにカステラが贈られてきた。それがこの『越後家多齢堂』のものだった。

子供には判別できなかったが、どうやら『越後家多齢堂』のほうがはるかに美味しかったようで、祖父が顔を歪《ゆが》めて悔しがっていたことを、はっきりと覚えている。その年のお歳暮から、うちも『越後家多齢堂』の「カステイラ」を贈るようになったことは言うまでもない。

口に入れると、ふわりと溶ける、この店のカステラを食べる度に思い出す話である。幾らだったかは失念したが、一定金額を超えて買い物をすると、端っこをオマケに付けてくれて、これが実に旨い。

他店の話になるが、カステラに似た、和の焼き菓子「松風」などは、端っこを福耳と呼んで、廉価《れんか》で販売したりしている。端っこ独特の旨さは和洋を問わないのだろう。

流行《はや》りモノの和スイーツばかりを追いかけるのではなく、長く京都の地に根付いた菓子に、もう少し目を向けてもいいのではないか。この店のカステラなどは、他では味わえない逸品なのだから。

カフェ『静香《しずか》』

京都には、深く、長く、喫茶店文化が根付いている。いや、いた、と過去形で語ったほうがいいのかもしれない。黒船ならぬカフェブームに圧倒され、看板を下ろす喫茶店が後を絶たない。

静かにクラシックやジャズが流れているか、もしくは無音。物静かなマスターがいて、注文が入る度にコーヒーを淹《い》れる。ダークブラウンのインテリアには年季が入る。客は本を読むか新聞を広げながら、ホットケーキにナイフを入れる。あちこちの席から上る紫煙《しえん》もまた店の彩り。そんな喫茶店が京都のあちこちにあったのだが、それも今は昔。

ハーブティー、自然食。ナチュラルホワイト。軽やかなカフェには若い人が集う。あまりに健康的過ぎて、僕には居心地がよろしくない。紫煙が充満し、いくらか店主にクセがあっても喫茶店が好きだ。

『静香』

コーヒーとトースト

しかしながら、昔のカフェは今の喫茶店に近いものがあった。京言葉のアクセントを付けるなら、「エ」を強調する。カフェではなく、カフエ。エで音を下げる。明治生まれの祖父などは、

「カフエてなとこに行くんやないぞ。珈琲屋ならええけどな」

そう言って牽制《けんせい》するほどだった。

そんなころの空気を今に残しているのが『静香』（地図B❽）。昭和をさらにさかのぼって、店内には大正の香りすら漂っている。

千本今出川の交差点から西へ少し。今出川通の南側に古風でモダンな店がある。昔よく見かけた、表が煙草屋で奥が喫茶店というスタイル。外観からして、ただの喫茶店ではない。黒い看板には、ローマ字で〈Shizuka〉とある。

こういう店のお約束通り、猫が足元で寝そべっていたりする。店の奥には庭というより、ガーデンテラスと言いたくなるようなオープンスペースが見える。昔の汽車のようなボックス席は、背中合わせになっていて、妙に落ち着く。

コーヒーもまた昔ながらの味わい。店の名前通り、静かな空間に、コーヒーの香りがふうわりと漂う。時間が止まったような店で寛《くつろ》げば、京都の奥深さが垣間見える。

湯《ゆ》たく山茶《さんちゃ》くれん寺《でら》

今出川通を挟んで、『静香』のちょうど向かい側。小さなビルを二軒挟んで、寺の山門がふたつ見える。右側、東にあるのが「上善寺《じょうぜんじ》」で、左側、西にあるのが『浄《じょう》土院《どいん》』（地図B(け)）。通称〈湯たく山茶くれん寺〉。命名者は、あの秀吉だと伝わっている。

功罪織り交ぜて、京都には秀吉の遺《のこ》したものが山ほどある。通り名をはじめとして、多くの遺構、足跡。何かと言えば秀吉だ。ここもまた、秀吉の逸話を今に伝える寺である。

時は天正十五年（一五八七）。ここより西に位置する北野天満宮で行われた、北野大茶会《おおちゃかい》の折り、当寺に秀吉が立ち寄った。ここ『浄土院』には名水が湧き出る井戸があることを、きっと秀吉は耳にしていたのだろう。秀吉は住職に茶を所望した。住職は言われた通りに、茶を点《た》て、秀吉に出した。飲み干して秀吉は、すぐにお代わりを頼んだ。

はたと困ってしまったのが住職。茶人としても名高い秀吉に、拙《つたな》い茶を再度出してもいいのだろうか。一計を案じた住職は、釜で沸かした名水をそのまま出した。

すると秀吉は、まるで茶を喫《きっ》するかのように、湯を味わい、また、お代わりを頼む。住職は意地になって、もう一度湯を出す。次は茶を出してくるだろうと思って、秀吉は茶碗を差し出す。それを幾度も繰り返すうち、秀吉が先に折れた。

「この寺では、茶を頼んでおるのに白湯《さゆ》ばかり出しよって、一向に茶をくれん。いっそ寺の名前を、湯たくさん茶くれん、にすればよい」

『浄土院』

そんな逸話から『浄土院』は〈湯たく山茶くれん寺〉と呼ばれるようになったという。

山門の前には、〈豊公遺跡　湯たく山茶くれん寺　浄土院〉と刻まれた石碑が建っていて、柵は普段は閉まっている。拝観を希望する場合は事前に連絡し、許可を得る必要がある。

叶うならば見ておきたいのは、銀水の井戸。惜しむらくは涸《か》れてしまったことだが、その井戸は往時のまま残されている。ここから汲んだ水を沸かして、秀吉が飲んだのかと思えば、感慨深いものがある。

そしてもうひとつ。本堂の屋根に乗る、寒山拾得《かんざんじっとく》の焼物。普通は桃や菊などの魔除け的な意味合いを持つ、飾り瓦が乗るところだが、こういう像が乗っているのは、とても珍しい。本堂に向かって右側には巻物を持った寒山、左には箒《ほうき》に乗る拾得。どちらも楽家《らくけ》初代、長次郎の作と言われる貴重なもの。屋根の上から地上を見下ろし、笑みを浮かべている。長い風雪に耐えてきたとは思えないほど、しっかり原型をとどめている。

第三の道

雨宝院から出水の七不思議へ

――織物の街に暮らす町衆の拠り所を訪ねる

ヒンズー教から仏教へ――『雨宝院《うほういん》』

第二の道で歩いた〈釘抜地蔵〉さん。ここを少し東に行くと、『雨宝院』(地図AとB㋙)という寺がある。この寺もまた、例によって通称のほうが通りがいい。〈西陣聖天《しょうでん》〉さん。うっかりすると、見過ごしてしまいそうな小さな寺だが、大きな赤い提灯を目印にすれば見つけやすい。山門の両脇には〈西陣聖天宮〉と『雨宝院』が共に記されている。

聖天さん。つまりは歓喜天さま。ヒンズー教から仏教に帰依《きえ》した神さまで、象の頭を持つのが特徴的である。そして当寺の開基《かいき》は、かの弘法大師空海。そんな寺なのに、春の桜のころ以外は訪れる人も少なく、鬱蒼《うっそう》とした木々に覆《おお》われた境内は、いつもひっそりとしている。
　境内に花を開かせる桜は遅咲きで、例年四月十日過ぎに咲く御衣黄《ぎょいこう》が特に人気を呼んでいる。その名が示すように黄色と淡い緑の混ざったような色合いの花で、微かな香りと共に、境内に不思議な空気を漂わせる。八重《やえ》の歓喜桜《かんきざくら》、紅《べに》枝垂れ《しだ》、観音桜《かんのんざくら》など、狭い境内に幾種もの桜が咲く様は圧巻である。

『雨宝院』

　花はさておき、この寺の由緒。歓喜天の像を刻んだ空海は、祈禱《きとう》を行い、嵯峨天皇の病が平癒する。その功績によって天皇の別業《べつぎょう》を賜り、当寺を創建したと伝わる。大師二十一箇所巡りのひとつに数えられる〈大師堂〉には〈汗かきの大師〉と呼ばれる空海の像が安置されている。大汗をかくほどの艱難辛苦《かんなんしんく》をも救ってくださる、という意から、そう呼ばれているのだそうだ。ありがたい話。
　さほど広くない境内に幾つものお堂があり、それぞれ小さな窓から像を拝する仕組みになっている。大黒さまや夷《えびす》さま、地蔵菩薩、役行者《えんのぎょうじゃ》、それぞれに唱える言葉が異なり、それも記されていて興味を引かれる。

さて、この西陣界隈と言えば、何と言っても呉服の本場。染め物に欠かせない水が境内に湧き出ている。俗に〈西陣の五名水〉と名付けられたうちのひとつ。駒札《こまふだ》によれば、〈染殿井《そめどのい》〉は夏の干魃《かんばつ》時でも涸れることがないという。なかなか見どころの多い寺だ。

石と共に数奇な運命を辿る——『岩上神社《いわがみ》』

〈西陣聖天〉さんを出て、すぐ西側に小さな祠が見える。これが『岩上神社』（地図AとB㋚）。

少しばかり京都に詳しい方なら、岩上と聞くと、通り名を思い浮かべるに違いない。北は御池《おいけ》通から南は塩小路《しおこうじ》通まで、途中で何箇所か分断されながらも続くこの細道は、堀川通のひと筋西にある。

西陣のこの地に建つ『岩上神社』と岩上通は、場所から無関係に思えるが、実は密接な繋がりがある。

宝暦《ほうれき》年間（一七五一～六四）に刊行された『京町鑑《きようまちかがみ》』には、通り名の由来として、「岩上といふは、六角下ル町に岩神の社あるによりて……」とある。六角下ル町と言うのは、今の岩上通、六角下ルのことで、今そこには「中山《なかやま》神社」が建っている。

『岩上神社』

名は「中山神社」だが、石の鳥居の額束《がくづか》には〈岩上宮〉とあるように、ここは元の『岩上神社』。訳あって、『雨宝院』の西隣に移転し、その後「中山神社」と名を変えたのである。その移転の理由というのが実に興味深い。

呆気《あっけ》ないほど小さな『岩上神社』。手水舎《ちょうずや》の上には〈岩神〉と書かれた額束が掛かり、その奥の祠には大きな石が鎮座している。そもそもは、この石が転々とする度に、社も移転してきたのである。

最初、この大きな石は堀川二条辺りにあったと言われている。それを時の天下人《てんかびと》である徳川家康が、今の「中山神社」に移動させた。なぜかと言えば、二条城を造るのに邪魔になったからだと伝わる。しかしながら、これで石が落ち着いたわけではない。次には中和門院《ちゅうかもんいん》の屋敷の池の畔《ほとり》に遷《うつ》される。立派な石ゆえ、庭の景色として欲しかったのだろう。

ところがこの石。ただの石ではなかった。夜ともなれば子供に姿を変え、元の場所に帰りたいと言って、すすり泣き、悪戯《いたずら》をする。それを気味悪がった女官《にょかん》たちが、馴《な》染《じ》みの僧侶に相談を持ちかけた。僧侶は石を引き取り、この地に「有《う》乳山《にゅうざん》岩上寺」という寺を建立し、石を祀った。

その名が示すように授乳の神として崇められ、多くの女性の信仰を集めたが、惜しくも天明の大火で寺は焼失してしまう。ところが、寺は焼けても石は残る。やがて後世になり、篤志家《とくしか》の手によって神社として蘇《よみがえ》ることとなる。

各地を転々とし、数奇《すうき》な運命を辿ってきた石が、令和の今になっても、こうして祀られている。そこに関わってきたのは、徳川家康であり、豊臣秀吉の養女となった中和門院だったりする。何気なく通った通りの名が、この小さな祠に鎮座する石に由来する。

こうして、知られざる道筋を歩くと、まるでミステリードラマの謎が解けるように、京都の歴史がつぶさに見えてくる。表層だけをなぞるガイドブックでは決して紹介されない、こんな小さな社が深い歴史を背負っているのが、京都の京都たる所以である。

『総本山 本隆寺《ほんりゅうじ》』

『雨宝院』や『岩上神社』にお参りすると、向かい側に、長く続く土塀が自然と目に入ってくる。これほど広大な敷地を持つ寺とはいったいどんなところなのかと、表に回ってみると、山門からして実に立派。大きな石柱には〈総本山本隆寺〉と刻まれ、駒札には、法華宗京都八本山のひとつだと記されている（地図AとB㋛）。

三千三百坪という広い境内には、立派な本堂が建っているが、享保《きょうほう》、天明《てんめい》の二度の大火（一七二四年と一七八八年）にも焼け残ったことから〈不焼寺〉という異名が付いたと言われている。

ここにも西陣五名水のひとつ、〈千代の井〉が湧き出ている。そして、もうひとつの見どころは、本堂前に植わる松。〈夜泣き止めの松〉と呼ばれ、この松の木の葉を枕の下に敷くと、子供の夜泣きがピタリと止まると言われている。

一四八八年、四条大宮に建立された当寺は、焼失により移転再建され、今日に至っている。三百五十年を超える歴史ある本堂が残り、その周囲には広大な境内が広がる。石畳を歩き、その広さと歴史の深さに圧倒されるのが、この寺歩きの醍醐味《だいごみ》である。

八幡さまと鳩――『首途《かどで》八幡宮』

『本隆寺』を後にして、智恵光院通を南に下ると、西側に公園が見えてくる。すぐその南側にあるのが『首途八幡宮』（地図B㋣）。

首途と書いて、カドデと読む。旅立ちの意。このお宮から誰が旅立ったかと言うと、源義経である。駒札によると、元は〈内野《うちの》八幡宮〉と言ったのを、承安《じょうあん》四年（一一七四）三月三日夜明け、鞍馬《くらま》山を下りた義経がこの社に参詣し、旅の安全を祈ってから奥州《おうしゅう》へ旅立ったことから、〈首途〉を名乗るようになったようだ。

それにしても、八百年以上も前のことなのに、日付のみならず、時間まで特定されているというのは実に興味深い。そのとき、義経はわずか十六歳で、今なら高校一年生にあたる。旧暦だろうから、四月のはじめころか。桜も咲いて、華やかな都だったろうに、まだ少年だった義経は、どんな思いで夜明けに参詣したのだろうか。

そんなことを考えながら境内を奥に進むと、石段が見えてくる。石の鳥居が建つ手前に手水舎があり、普通なら龍がいるところだが、そこには精巧にできた鳩の像が置かれている。他の神社では滅多に見掛けない。

八幡宮と鳩の繋がりは思った以上に強い。有名どころで言えば「鶴岡《つるがおか》八幡宮」がある。

屋根の上には鳩の像が並び、鳥居の額束をよく見れば、八幡宮の八の字は、鳩が抱き合うようにデザインされている。土産菓子としても知られる鳩サブレーもそうだ。

八幡さまといえば鳩。それは京都でも同じで、「石清水《いわしみず》八幡宮」の額束もやはり、鎌倉と同じく八の字は鳩だし、洛北の「三宅《みやけ》八幡宮」では、鳩をデザインしたお守りが人気だ。

　八幡さまと鳩の関係。それは全国で四万を超えるという八幡さまの総本山、「宇佐《うさ》神宮」の神とされる応神《おうじん》天皇の神霊に端を発しているようだ。

　山頂の巨石から金色の鷹が出現し、それが応神天皇の神霊と言われ、やがて金色の鳩に変わったことに由来する。そして宇佐神宮から石清

『首途八幡宮』

水八幡をはじめ、全国に分霊する際、この金鳩が道案内したとも言われている。

　鎌倉時代の武将たちは勝利の運をもたらすとして、家紋にするなどし、戦いの象徴として、鳩を崇めてきた。しかしながら現代に於いては、鳩は平和のシンボルとされていて、さぞや八幡さまも困惑されていることだろう。戦いは平和をもたらすもの。そんな風にも見て取れる。

　さて、石段を上って本殿にお参りした後は、真向かいに建つ小学校へと向かう。

学校の中の社——『観世稲荷社《かんぜいなりしや》』

西陣中央小学校（地図AとB㋝）はれっきとした公立の小学校ではあるが、その敷地の中に神社が建っている。なのでここを参詣できるのは開校中だけで、学校がお休みのときはお参りできないのである。

学校の中の神社というのは、通常ではあり得ないが、そこは京都。校舎の片隅に、朱の玉垣に囲われて、お稲荷さまが祀られた小さな祠が建っている。学校の中に神社がある、というのは正確ではない。神社が建っていたところに学校が建設された、というのが正しいのかもしれない。今出川大宮を北に上って左側、学校の南東隅に駒札が立っているので、概略を学んでおこう。

観世町という町名が示すように、この辺り一帯は、足利義満から観世家が拝領した土地で、広い屋敷があったという。だが大火によって焼失し、〈観世井〉と呼ばれる井戸だけが残った。今も残る〈観世井〉は、地下水が混ざり合う場所に湧き出ていて、絶え

小学校の中にある『観世稲荷社』

ず渦を巻き、波紋を描いていたという。惜しむらくは既に涸れてしまっていて、今はその流れを見ることができない。さぞや美しい水紋を描いていたに違いないが、ここは想像力で補うしかない。流水の紋様は、そこから観世流の紋となる。つまり観世流の能はここをルーツとしていると言っても過言ではない。

この『観世稲荷社』は観世家の鎮守社として祀られ、祭神は一足稲荷大明神と観世龍王。能楽ファンならずとも、一度は訪ねてみたい社。

とは言え、昨今は学校も危機管理には慎重を期しており、突然訪ねても参詣は叶わないだろう。必ず事前に連絡し、希望を伝えて許可を得なければならない。いきなり学校に入り込んで写真でも撮ろうものなら、すぐに通報されるのは必定《ひつじょう》。厳に慎みたい。

石畳の路地を味わう――紋屋図子《もんやずし》

『首途八幡宮』から西陣中央小学校へと抜けるときに渡る智恵光院《ちえこういん》通。その北、上立売《かみだちうり》通と五辻通の間に通る細道を〈紋屋図子〉(地図B右上)と呼び、智恵光院通から大宮通へと通じている。

元は、西陣聖天にちなみ、〈聖天図子〉と呼ばれる袋小路であった。それを通り抜けられるようにしたのは、紋屋を営んでいた井関七右衛門。私財を擲《なげう》って突き当たりの家を買い取り、路地を貫通させたという。その功績を讃え、〈紋屋図子〉と呼ぶようになった。

細道の両側に古い町家が建ち並び、西陣らしい風情《ふぜい》を醸《かも》し出す図子。その中ほど、北側にさらに細い路地があり、門柱に〈三上〉と記されている。ここが通称〈三上家路地〉。江戸期の職人長屋を今に残し、正しく整備され、陶芸教室やはちみつ屋があったりして、歩いて愉しい路地になっている。

「紋屋図子」の「三上家路地」

それにしても、この美しさはどうだろう。両手を伸ばせば壁に手が付きそうなほどに細い路地に、石畳がまっすぐ延びる。屋根が影を作り、道の真ん中で重なる。整った家並みも相まって、京都でも有数の景観を生み出している。

住人たちの意識の高さがこうした街を守っている。一度壊してしまった街並みは二度と戻らない。この路地を歩くにつけ、そんな感懐を新たにする。

旧石器時代からの歴史を知る『京都市考古資料館』

西陣中央小学校から、大宮通を挟んですぐ東にあるのが『京都市考古資料館』（地図B㋞）。訪れる人も少ないが、入館料は無料で、かつ充実した展観《てんかん》をつぶさに見ることができる、是非とも訪ねてみたい資料館である。

まずこの建物は、外観や内部の装飾、意匠にも見どころが多い。旧西陣織物館という、大正三年（一九一四）に建設された洋館で、京都市の登録文化財にも指定されている。

ここでは、旧石器時代から江戸時代に至るまで、千点を超える考古資料を見ることができる。言ってみれば、土の中に埋もれていた京都がある。

京に都が置かれる、はるか以前から、様々な民族が移り住み、数多《あまた》の歴史を重ねてきた。それらの殆どは今も土の中で眠っているわけだが、発掘調査の結果、何かしらが掘り出され、それらは言わば生き証人として、歴史の一コマを語ってくれる。この資料館では、その声を聞くことができるのだ。

二階の常設展示をはじめ、特別展示や速報展示など、幾つかのコーナーに分けて展示されているが、基本的にどれも撮影可能だというのが嬉しい。それどころか、展観によっては手で触れることもできたりする。

マナーの悪い客がいるせいか、最近の寺社や美術館、資料館の多くは撮影を禁じている。やむを得ない部分もあるが、どうも度が過ぎているようにも思う。そこまで禁じなくてもいいのではないだろうか。まるで腫《は》れ物に触るように鑑賞しても、今ひとつ親しみが持てない。希少な文化財でありながら、こうして身近に接することができるというのも貴重な機会だと思う。

『京都市考古資料館』

年代ごとの地層を見せ、その横に出土品を並べたコーナーなどは、実に分かりやすく興味深い。京都が辿ってきた歴史。今もきっと足元の土の中に眠っているのだろうと思えば、感慨深いものがある。今の京都を歩きながら、過去に思いを馳せるとき、この資料館で観た記憶は必ずや、京都歩きの役に立つ。

『本家玉壽軒《ほんけたまじゆけん》』

『京都市考古資料館』の真向かいに、ちょっとモダンな空気を漂わせる古い町家が建っていて、〈京菓子　玉壽軒〉と屋号が記されている。第二の道で立

『本家玉壽軒』

ち寄った『千本玉壽軒』の本家筋にあたる店だ〈地図B❾〉。二階の屋根に掛かる看板には〈清甘舌上香〉と書かれている。どう読むのかは分からないが、字面から旨そうな菓子を扱っているのだということだけは、よく分かる。

織物屋が副業として始めた菓子屋だそうだが、今では立派な和菓子店として、京都人にも馴染みが深い。元々は『千本玉壽軒』の辺りにあり、大正の初めころ、この地に移転してきたと聞く。

屋号を名付けたのは「妙心寺《みょうしんじ》」の初代管長だと伝わるように、寺との関わりが深く、店の代表銘菓「紫野」も『大徳寺』にちなんだもの。

『一久《いっきゅう》』製の「大徳寺納豆」を和三盆《わさんぼん》の落雁《らくがん》地で包んだ、小さくて丸い干菓子。これを口の中に放り込むと、納豆の塩味と和三盆の甘みが溶け合い、ほっこりとした味わいを舌に残す。比較的日持ちもするので、京土産には格好の菓子。

『本家玉壽軒』を後にして西へ歩く。一筋目の大宮通を過ぎ、二筋目の智恵光院通で、南に下る。

『智恵光院』と『浄福寺《じょうふくじ》』

地図を広げてみると、南北の通りに二筋並んで、寺の名が付いている。智恵光院通と、その西の浄福寺通。いかな京都といえども、通り名に寺の名が付いている道筋はさほど多くない。それが二筋続くとなると極めて珍しい。

今出川通から智恵光院通を南に下って三筋ほど歩くと、右手に『智恵光院』（地図B㋟）がある。あるにはあるのだが、旅人を拒《こば》むように固く門を閉ざしているのは、いかにも残念なことである。貸駐車場へと通じる参道も、コンクリートで固められていて、まるで風情がない。本尊の阿弥陀如来《あみだにょらい》像は快慶《かいけい》の作と言われ、小野篁が自ら彫り上げたと言われる地蔵尊も祀られている、由緒正しき寺であり、通り名にその名を残すほどの名刹ならば、もう少しそれなりの配慮があって然るべきだと思うのだが。

一筋西に進むと浄福寺通。智恵光院通に比べると、かなり道幅は狭く、一方通行の道が二条通辺りまで細長く延びている。ちょうど『智恵光院』と背中合わせのような格好で、浄福寺通に面して建つのが『浄福寺』（地図B㋠）。こちらはちゃんと一般に門戸を開いている。

『浄福寺』山門

『浄福寺』本堂

朱塗りの四脚門は、ちょっと風変わりな山門で、『浄福寺』はその門の赤さから〈赤門寺〉とも呼ばれる。

山門を潜って境内に入ると、その広大な敷地に驚かされる。白壁の築地《ついじ》を両側に見て、広い道幅の参道がまっすぐ本堂へと延びる様は、なかなか見応えがある。

参道を歩くと、本堂の背後にそびえる巨大なマンションが嫌でも目に入る。どうにかならなかったのかと思うが、それでもこの寺が残っているだけでも良しとしなければいけないのが今の京都。「梨木《なしのき》神社」のように京都御苑に隣り合った境内にマンションを建てようとしても、誰も止めることができない。京都がいつまで京都として存在できるか、曲がり角に来ていることだけはたしかだ。

広い境内には幾つも見どころがある。たとえば、東門から入ってすぐ右側に建つ、護法大権現《ごほうだいごんげん》を祀る「護法堂」。ここには天狗《てんぐ》の絵馬が幾つか掛かっている。屋根を見上げれば、天狗の団扇《うちわ》を象った鬼瓦も見える。

寺に天狗を祀っているのは、この寺を大火から護ったからで、赤門の上から、クロガネモチの大木に乗り移った天狗が、大きな団扇で扇《あお》ぎ、火を寄せ付けなかったと伝わっている。

そしてなんと言っても本堂。南面の美しさに目を奪われる。左右に植わる松、灯籠、本堂が見事にシンメトリーな絵柄を見せる。屋根の端反《はぞり》も美しく、この本堂を含め、多くの堂が京都市の有形文化財に指定されている。

天狗の故郷とも言える鞍馬山の遥拝所《ようはいじょ》、弁財天社、稲荷社、ケヤキの巨木、薩摩藩士によって斬《き》り付けられた庫裏《くり》の柱の刀傷など見どころは多いが、是非ともお参りしておきたいのが〈引接地蔵〉。ひっぱり地蔵と読み、お参りすれば幸せのほうに引っ張られるという、なんともありがたいお地蔵さまだ。

広い境内を南門から出て、一条通を少し西に歩くと、ちょっと不思議な界隈に出会う。

「西陣京極《きょうごく》」

寺や民家が建ち並ぶ一角に、両側に飲食店が点在する細道があり、その入口には「西陣京極」と記された看板が建っている（地図B）。

京極とは、平安京に於ける東西の果てを言い、東の京極は今の寺町通だった。明治の初めころになって、寺町通のひと筋東に新たな通りが開通したため、そこを新京極通と名付けたのである。

それに対して、西の京極通はと言えば、これがどうも判然としない。五条通の西の端に西京極という地名が残されているが、西京極通はない。きっと通りなどないほどの最果てだったのだろう。

隆盛を極めた東の京極通にあやかろうと、市内のあちこちに京極と名付けた商店街が出現する。賑わいを見せた堀川京極は消失したが、この西陣京極をはじめ、松原京極、山科《やましな》京極、田中京極、嶋原京極などは今も健在である。東京や地方で言うところのナントカ銀座と似たようなもの。

千本通を中心にして、今出川通から概ね中立売《なかだちうり》通まで、辺り一帯に形成された繁華街には寄席や芝居小屋が林立し、それが後の映画館へと変わっていく。それも時代の流れによって殆どが消えてしまい、今はぽつりぽつりと飲食店に灯りがともる、哀愁を帯びた街並みになっている。

西陣京極会という組織にはバーや居酒屋、カフェからスナック、ふぐ料理店まで様々な業態の飲食店が名を連ねている。観光客におもねることなく、あくまで地元客をたいせつにする店が居並ぶ西陣京極はすっぴんの京都を見せてくれる貴重な界隈である。

「西陣京極」

『ルミナール』『大正製パン所』『アカネBAKERY』

西陣の中でもこの界隈は、特に庶民的な空気を湛《たた》えていて、親しみの持てる店も点在している。その一軒が『ルミナール』というパン屋（地図B⑩）。千本通から中立売通を少し西に入った商店街の中にある小さな店はガラスに囲まれていて、外からでも店の様子がよく分かる。店の前まで来ると、香ばしいパンの香りが漂い、つい誘われて店に入ってしまう。

意外に思われるかもしれないが、京都人は筋金入りのパン好きである。新旧を問わず、街の

『ルミナール』

あちこちにパン屋があり、それぞれにファンが付いている。代表的なのは、京都の二大パン屋チェーン『志津屋』と『進々堂』。駅ナカやスーパー、ショッピングモールなどで競い合っている。

最近ではパン・ブティックとでも呼びたくなるような、高級ブランジェリーが次々とオープンして人気を呼んでいるようだが、これらのいわば〝よそ行き〟のパン屋さんとは一線を画《かく》す、ふだん着のパン屋さんが多いのもこの界隈の特徴だ。『ルミナール』に並んでいるパンはどれも安価で、安心してトレーに載せることができる。

無論安いだけではない。クロワッサン、キーマカレーパン、クリームパン、どれもがちゃんと美味しい。一番お奨めのメロンパンは、昔ながらの白餡入りで、京都らしい味わい。ちょっとしたおやつに最適だ。

千本今出川の交差点を少し東に入った南側にある『大正製パン所』（地図B⓫）も地元京都人に古くから愛され続けている、ふだん着のパン屋さん。

その屋号に偽りはなく、創業は大正八年（一九一九）と伝わっている。今や京都を代表するパンのチェーン店となった『進々堂』の創業は大正二年だと言われているから、その六年後にはこの『大正製パン所』が開業しているのだ。多店舗化することも、高級店化することもなく、営々と商いを続けているパン屋さんには大いに敬意を表したい。

カレーパンやクリームパン、焼きそばパンや玉子ロールなど、馴染み深いパンが並び、昔ながらのパン屋さんの佇まいにホッとする店だ。目移り必至だが、どれを選んでも間違いがない。安価で美味しいのが嬉しい。

令和元年（二〇一九）の秋創業という新しい店ながら、智恵光院通と下長者町通が交わる東南角にある『アカネBAKERY』（地図B⓬）は早くも地元の京都人に人気を呼んでいるパン屋さん。

茜《あかね》色の夕焼けは翌日の晴れの知らせ。お店のパンもそんな風に晴れやかな気持ちになるように、との思いを込めて屋号としたのだそうだ。

食パン、バゲット、メロンパン、デニッシュ、あんぱん、ウィンナーロール。店に並ぶパンの芳《かん》ばしい香りと、いかにも美味しそうなビジュアルに魅《ひ》かれ、ついつい買い過ぎてしまうお店だ。

『大正製パン所』

『アカネ BAKERY』

テレビのバラエティ番組などで再三採り上げられる、京都人のパン好きを最も実感できるのは、この界隈のパン屋さんの佇まいと、お店とお客さんのやり取りである。

出水《でみず》の七不思議

中立売通を越えて、千本通を南に下っていくと、出水通に行き着く。この通りは、東は烏丸通から始まっていて、そのすぐ西辺りに水の湧き出るところがあり、その豊富な水量は頻繁に道路を浸水させるほどで、そこから出水通と名付けられたという。

京都は水でできている。常々そう感じることが多い。京料理の根幹を成す出汁、京豆腐、京湯葉、京菓子、京野菜に至るまで、良質の水なくして存在し得ない。東、北、西と三方の山から流れ出る水、琵琶湖疏水《そすい》、そして京都盆地の地中深くにあると言われる、巨大な水瓶《みずがめ》。それらの恩恵を受けることで、京都は美味しい街として長く続いている。

その象徴とも言えるのが、この出水通。潤沢な水を求めて多くが住みつき、店を開いた。人が集まれば寺も自然と増える。かどうかは定かでないが、千本通から西の出水通には小さな寺が軒を並べ、さながら寺町通の様相を見せる。

古くからここに〈出水の七不思議〉と呼ばれるものがあり、その数は七つを超えて、両手の指ほどもある。そのうちの幾つかは消え、あるいは痕跡《こんせき》だけが残り、あるいはこの目でたしかめることが叶わぬものもある。

千本出水を西へ歩くと、二筋目、六軒町通を越えた辺りの北側に『華光寺《けこうじ》』（地図B㋡）が見えてくる。ここにはかつて、七不思議のうちのふたつがあった。どちらも樹木に関わるもの。

ひとつは〈時雨松《しぐれ》〉。どんなに晴れた日でも、枝の先から雫《しずく》を落とし、まるで時雨のようだったと伝わる。それほどに水分を湛えた樹だったのに、惜しくも枯れてしまった。本堂の前にはその子孫とも言うべき松が植わっているが、雫が垂れたりはしていない。

『華光寺』

もうひとつは〈五色の椿〉。五つの色の花が咲いたという、なんとも珍しい椿だが、これも枯れてしまって今はない。不思議に数えられるくらいだから、きっと見応えがあったのだろう。どちらも見てみたかった。なくなったと聞けば、余計に見たくなるのが人情というものである。

惜しみつつ境内を出て、向かいにある『光清寺《こうせいじ》』（地図Ⓑⓣ）に向かう。ここの不思議はレプリカではあるものの、その一端をうかがい知ることができる。

境内に建つ弁天堂。ここに掲げられている絵馬をよく見ると、牡丹《ぼたん》の花と猫が描かれている。これが〈浮かれ猫〉と言われる不思議。

江戸時代の話。花街《かがい》ではないものの、当寺の近くには歓楽街があり、そこから三味線の音や艶《つや》っぽい歌声が聞こえてくる。と、それに合わせるかのように、絵馬から抜け出てきた猫が、女性に化けて歌い踊り始める。騒がしさに難渋《なんじゅう》した住職は法力《ほうりき》を用い、金網で猫を絵馬に閉じ込めてしまう。

その夜、住職の夢枕に立派な武士の姿が現れ、自分は絵馬の猫の化身で、金網に閉じ込められて不自由していると嘆いた。二度と騒がせることはしない、と約束したのをたしかめて、住職は網を解いたという。

木目《もくめ》も褪《あ》せ、絵の輪郭《りんかく》もはっきりしないが、猫の目だけは判別できる。粋な伝承は今も健在である。

「浮かれ猫」と牡丹の絵馬

『光清寺』のすぐ隣に建つのが『五劫院《ごこういん》』（地図B㋣）。ここには〈寝釈迦〉という不思議が残されている。

『五劫院』は非公開なのだが、山門の横の潜り戸の上に、その不思議が残っているので、目の当《ま》たりにできる。

近くで見てみても、最初はただの木目にしか見えないが、しばらく見続けるうち、ぼんやりとだが、お釈迦さまが寝ている姿に見えてくるから不思議だ。

右側を頭にして、仰向けに寝ておられる姿は、たしかにお釈迦さまだ。お釈迦さまの寝姿と言えば涅《ね》槃図《はんず》を思い浮かべるが、〈寝釈迦〉とは頭の向きが異なる。涅槃図は北に頭を向けるが、〈寝釈迦〉は西に向いている。これは西方浄土《さいほうじょうど》を向いているとも言われていて、はるか彼方の極楽浄土に思いを馳せる、まことにありがたいお釈迦さまなのである。

『観音寺』

『五劫院』を出て、出水通をさらに西へ歩くと、七本松通に突き当たる。そのすぐ向かい側にあるのが『観音寺《かんのんじ》』（地図B㋤）。伝承の多い寺だが、七不思議に数えられているのはこの寺の門で、通称〈百叩きの門〉という。

江戸期の初めころに、伏見城の牢獄門を移築したと言われる門で、楠《くすのき》の木の一枚板でできているそうだ。門の端には潜り戸があり、軽微な罪人にこの前で百叩きの罰を与えて、ここから釈放したと伝わっている。

そんな由来もあってか、夜ともなれば、この門の辺りからすすり泣く声が聞こえるという噂が立ち、罪人の霊が乗り移っていると思った住職は、百日の断食をして霊を鎮めたという。

おそらくは小さな潜り戸が風で開いたり閉じたりし、その音を泣き声と勘違いしたのだろうが、これも不思議伝承としては、趣《おもむき》のある話ではある。ちなみに今は潜り戸に鍵が掛けられ、開け閉めはできないので、泣き声は聞こえないようだ。

七不思議には数えられていないが、夜泣き封じにご利益《りやく》があると言われる〈夜泣き地蔵〉を祀る地蔵堂があり、その向かいには観音堂が建っている。

この観音堂は元々、一条戻り橋近辺の寺にあったものを移築したもの。つまりは、死者を蘇らせたという伝説は、このお堂から生まれたとも言える。

「夜泣き地蔵」

『観音寺』と隣り合って、すぐ南側に建つのが『極楽寺』（地図Bに）。なんともありがたい寺名だが、ここで七不思議に数えられているのはふたつ。ひとつは山門。〈三ツ門〉とも〈二つ小袖門〉とも呼ばれている。

通常、寺の山門には左右のどちらか一箇所に、小袖門と呼ばれる潜り戸が設けられているが、この山門には両側二箇所に小袖門が作られている。なぜふたつも小袖門を作ったかは謎なんだそうだ。

もうひとつは井戸。墓所への入口にある井戸にはかつて〈金治水〉と呼ばれる水が湧き出ていて、豊臣秀吉が、北野の大茶会の際にこの水を使ったことから、そう呼ばれるようになったという。黄金好きの秀吉らしいエピソードである。ちなみにこの井戸は〈勝井戸〉とも呼ばれ、この水を飲めば勝負事に勝てると伝わっているそうだ。

『極楽寺』

出水の七不思議巡りの最後は、『極楽寺』を出て、七本松通を少し下った東側にある『地福寺《ちふくじ》』（地図Bぬ）の〈日限《ひぎり》薬師〉さま。

小さな寺だが、よく整備されていて、門前に立つと思わず背筋が伸びる。駒札の後ろの山門には〈耳の仏様　日限薬師〉と墨書《ぼくしょ》されている。耳の仏様とはどういう意かと言えば、耳の病を治してくださるという、ありがたい仏様なのだ。

元は太秦《うずまさ》にあって、嵯峨天皇の勅許《ちょっきょ》によって開かれたもの。享保のころ、関白鷹《たか》司《つかさ》公の北政所《きたのまんどころ》が罹患《りかん》していた耳の病気を、道空和上《どうくうわじょう》が治したことから、伝承が始まったという。やがてこの地に移り、道空和上の念持仏である薬師如来を本尊とし、爾来《じらい》、長く近隣の信仰を集めている。

小さな穴の開いた石に、五色の紐《ひも》を通して奉納し、日を限って参拝すると、耳の病が治るとされる。ちなみに、石の穴は、自然に開いたものでないと霊験《れいげん》はないという。

基本的には非公開だが、お願いをすれば本堂に案内され、厨子《ずし》の中におわします薬師如来さまにご挨拶できる。

『地福寺』

出水の七不思議。あっと驚くような不思議があるわけではなく、そう言われれば、という程度の不思議なのだが、それ故、歩き終えた後に残る感慨は深い。西陣という街に住まい、日々愛着を持って暮らしていることが伝わってくる。観光とは無縁の街歩きだからこそ感じ取れる町衆の息遣い。これぞ京歩きの醍醐味である。

第一の道・第二の道・第三の道の美味しい店

以上ご紹介した三つの道筋に沿って、美味しいお店を何軒か。ランチやおみやげをお奨めしよう。

『大徳寺一久』の精進《しょうじん》料理と『磯田』の「大徳寺納豆」

京都を訪れる旅人の憧れの的とも言える京料理。その成立過程に於いて、大きな役割を果たしたのが精進料理だということは、ともすれば忘れがちだが、実際に味わってみると、なるほどと実感できることも多い。

『大徳寺』の境内にも精進料理の店があるが、観光客に向けての仕掛けがいささか情趣に欠ける。大徳寺通を挟んで東側、交番の向かいに建つ『大徳寺一久』（地図A⑬）がお奨め。

コース仕立ての本膳料理もあるが、昼どきなら「大徳寺縁高《ふちだか》」で供される弁当がいい。松花堂《しょうかどう》よりは相当深い塗り箱に、名物「大徳寺麩《ふ》」をはじめとして、野菜の和《あ》え物や、擬製豆腐《ぎせいどうふ》、精進強肴《しいざかな》、季節の物相《もっそう》ご飯などが品良く盛られ、別に吸い物が付く。食後には抹茶と和菓子、「大徳寺納豆」が出る。
納豆と言って、誰もが思い浮かべる糸引き納豆でもなく、甘党がこよなく愛する甘納豆でもない。中華料理で調味料として使われる豆鼓《トウチ》にも似た、味噌玉のようなものを「大徳寺納豆」と呼び、その名の通り、今も『大徳寺』で作られている。

その「大徳寺納豆」はこの店が元祖と言われ、登録商標となっているようだ。当然ながらここでも買えるが、すぐ近くの『磯田』（地図A⑭）でも売っている。食べ比べるのも一興。

大徳寺通を北に上る。と、やがて右手

『大徳寺一久』

『磯田』

に見えてくるのが『磯田』の看板。

先の「紫野松風」のように、味にアクセントを付けたいときに用いるもので、これだけを単独で食べることは稀。菓子だけでなく、京都では隠し味として日本料理に使うことも少なくない。細かく砕いて、白身魚の刺身で巻いたり、サラダのドレッシングに混ぜたりすると美味しい。お茶漬けにしてもいいが、炊きたての白ご飯に載せて食べると格別の味わいがある。豆腐や湯葉の風味付けにも格好と、存外使い道は多い。保存も効くので京土産に是非。

落ち着いた和室でゆったりと精進料理が味わえる店。気分は茶人《ちゃじん》か禅僧か。艶《あで》やかな祇園町とは対照的にストイックな空気。これもまた京都なのである。

『御旅《おたび》飯店』

北大路大宮の交差点を南に下ったところにある『御旅飯店』（地図A⑮）は、最近の流行り言葉でいうところの町中華を代表する中華屋さん。

店名は店のすぐ南に鳥居が建つ〈今宮神社御旅所〉に由来し、その境内に建っている。

赤いビニール張りのカウンターチェアに腰を下ろすと、なんとも言えずいい香りが漂い、中華鍋を振る音が聞こえ、お腹の虫が騒ぎはじめる。

ひと口に町中華と言っても、それぞれの店によってメニューも異なれば、味付けも違うわけで、更には店の空気も千差万別なので、こうしたジャンル分けはあまり意味がないと思うのだが、メディアはこうした言葉を多用してブームを起こそうとするのも常套《じょうとう》手段。こうしたイメージ戦略に惑わされることなく、自分の舌と目や耳で味わいたいものである。

『御旅飯店』

メニューを見ると、居酒屋風のつまみから中華料理の単品、焼肉に至るまで多彩な品が並ぶが、オーソドックスにいくなら醤油ラーメンや焼めしがいい。しっかり食べたい向きには、かに玉、八宝菜、鶏唐揚げが盛り合わされた中華定食がお奨め。

長い道歩きの途中でひと息入れるには格好の中華屋さんだ。

『北京亭本店』

中華屋さんをもう一軒。船岡山のバス停近くにある中華料理屋『北京亭本店』（地図A⑯）もまた、市井《しせい》の店である。京都らしさを打ち出すような店とはまったく逆のタイプで、近隣住民、学生、勤め人たちに向けた店。つまりは殆どが常連客だから、一切の手抜きができない。

　誰もが思い浮かべる普通の中華料理なら、たいていメニューに載っている。加えてこの店オリジナルの個性的なメニューもあり、さて、何を頼もうかと迷うのも愉しい店だ。

『北京亭本店』

　ちょっと一杯なら、くらげの酢の物、チンタオピータン、焼餃子や肉しゅうまいなど、ビールによく合う料理も豊富に揃う。

　〆《しめ》にお奨めしたいのは、海鮮おこげごはん。町中華というより本格中華の味わいで、これ一品でも充分満足できる料理だ。

　京都中華という言葉もあるが、これとて店によってそのあり様はまったく異なる。一軒一軒、それぞれが個性を競い合うからこそ、京都という町を美味しくしている。

それを象徴するような店である。

『手作り洋食の店　おおさかや』

千本北大路の交差点のすぐそばにある『おおさかや』（地図A⑰）は、カジュアルな洋食屋さんで、道歩きの途中でお腹を満たすのに格好のお店。すぐ近くに岳父《がくふ》が眠っているので、十年以上も前から時折りランチを摂《と》るのだが、近年は人気が高まり、時分どきには行列ができていることも少なくない。とりわけ秋から冬にかけてはそうとうな待ち時間を覚悟しなければならなくなった。多くのお目当てはボリューム満点の牡蠣《かき》フライである。

長蛇の列を横目にして、なんとも言えない複雑な気分になる。十年ほど前にはついぞ見かけない光景だったからだ。

どんなに美味しい店だったとしても適度に分散し、こんなに長い列ができることなどなかった。おそらくはネットを通じての拡散が原因だろう。一極集中する店があちこちに出現するようになったのはここ数年のことだ。

僕が美味しいと思った店に人気が出るのは嬉しいが、それも程度ものであって、待つのが苦手な僕はもう何年もこの店の牡蠣フライにお目にかかっていない。

牡蠣フライのシーズンを除けば、さほどの待ち時間なく美味しい洋食にありつけるので、道歩きの途上に立ち寄られることをお奨めする。ハンバーグや海老フライなど定番洋食はどれも手頃な価格で美味しい。洋食屋さんなのにカツ丼やきつねうどんがメニューに載っているのも嬉しい。一番のお奨めは京都らしいビフカツ。最近では牛肉のカツレツ専門店も行列ができるほどの人気で、分厚いレアを特徴とするが手頃な価格とは言いづらい。そこへいくとこの店のビフカツは、とんかつとさほど変わらない価格で食べられるのがありがたい。

地元に根付いた町場の洋食屋さんへは、季節や時間を少しずらして足を運びたい。

『お酒とお料理 おまち』

こういうお店があればいいなぁ、とかねてから思っていたお店ができた(地図B⑱)。

商店街の中にあって、たとえば銭湯の帰りにふらりと立ち寄って一杯飲んでつまめるような店。お昼から夜まで通し営業で、面倒な予約など要らず、通りがかって席が空いていれば入れるお店。それでいておざなりな料理ではなく、食材もよく吟味し、手の込んだ旨いもんがいくつもあって、割烹と呼びたくなるような食堂のような居酒屋のような、そんな店。

そこに加えて僕の好きなスパークリングワインでもあれば言うことなし。まさにそんな店ができた。

固定電話もなく、ネットでの情報も極めて少ないのはお店側の意向なので、本書で紹介すべきかどうかずいぶん迷ったが、ランチについては、店のあり様も含め界隈で貴重な存在なので、本文のみにてのご紹介。縁と運があってたどりつくことができれば、至極気軽な至福のランチタイムとなる。

『とんが』

今出川浄福寺を北に上って、すぐ左側にある『とんが』（地図B⑲）。

重い木の扉を開けて店に入った瞬間から、揚げ物の香ばしい匂いが鼻先をくすぐってくる。『とんが』という店名だから、名物はとんかつに違いない。初めてこの店に来たとき、そう確信し、食べ終えてその思いをさらに強くした。

お奨めは海老フライととんかつのセット。あるいは肉好きなら、焼肉ととんかつのセットという手もある。いずれにせよ、とんかつは必須。

ひとりなら、店に入ってすぐのカウンター席がいい。直球でとんかつ定食なら、二百グラムをセレクト。揚げ油はラードなのか、なんとも香ばしい匂いが漂ってくる。待つこと暫《しば》し。ご飯と味噌汁を従えて出てきた皿は迫力満点。トマト、千切りキャベツ、カレー味のスパゲッティを枕にして、分厚いとんかつが横たわっている。薄茶色のデミグラスソースも幾分甘めながら、ご飯によく合う味。ひと口食べれば、年季の入った店だということがよく分かる。

『せんぼんぐらばー館』

こういう店が細道の奥で長く商いを続けているのが、西陣という街なのである。

『せんぼんぐらばー館』

千本今出川を南に下った西側にある、小洒落《こじゃれ》た名前の中華屋さん『せんぼんぐらばー館』（地図B⑳）。グラバーと言えば長崎。というわけで、ここの名物はずばりちゃんぽん。

ピンクの蒲鉾《かまぼこ》、細切り野菜など、具も本場長崎風。いや、もっちりした麺などは、長崎より旨いかもしれない。卓上のウスターソースをちょっと掛ければ、気分はすっかり長崎。

　皿うどんの付いた「ぐらばー弁当」が、僕のお気に入り。酢豚と唐揚げでご飯を食べつつ、合間に皿うどんをつまむ。時には皿うどんの餡をご飯に掛けたりしても旨い。箸袋にはオランダ人の姿が描かれ、異国情緒を醸し出している。京都と縁の深い長崎。ここ西陣でそんな空気を愉しめるのも貴重なこと。かつ、美味しくて安いのだから言うことなし。

　やきめし、中華丼、餃子といった定番中華メニューも揺るぎない美味しさ。水曜日と土曜日が定休日という、ちょっと変則な営業日なので注意が必要である。

『西陣魚新』

『西陣魚新《うおしん》』

　千本今出川を南に下って一筋目の中筋通を東に入ったところに『西陣魚新』（地図B㉑）がある。こんな細道に、と訝るほどに店構えは立派だ。江戸末期の創業という老舗で、由緒正しい有職《ゆうそく》料理で知られる。

　玄関の前に井戸があり、その傍《かたわ》らに〈七松《ななしょう》

観《かん》跡〉と刻まれた石碑が建っている。界隈は室町幕府が置かれたところで、七本の名松を〈七松観〉と呼び珍重《ちんちょう》したというが、そのうちの一本が当家にある。

御所御用の証とも言える、白の麻暖簾を潜ると、宮内省御用の木札が掛かり、その格式を感じさせる。

五千円ほども出せば昼の御膳が食べられるが、ランチタイムサービスの「有職西陣弁当」でも充分その片鱗《へんりん》はうかがえる。せっかくの京都。少しばかり奮発して、京都らしい日本料理を、となれば是非この店へ。年末年始以外は無休なのも嬉しい。

『鳥よし』

『鳥よし』

千本通と一条通の交差点近くにある鳥料理店『鳥よし』(地図B㉒)。鳥の水炊きで知られる店だが、ランチタイムの親子丼が人気を呼んでいる。

祇園下河原の行列店を筆頭に、京都には親子丼の美味しい店がたくさんある。この界隈でいえば、既著でも紹介した『鳥岩楼《とりいわろう》』などがある。

そんな親子丼に負けず劣らず、この店のとろりとした親子丼も旨い。テーブル席、カウンター席もあって気軽な雰囲気で食べられるのもありがたい。「水炊きカレー」といった変わり種もあれば、チキンカツ、唐揚げ、ちきんらいすなど、鶏肉を使ったランチメニューも豊富に揃う。

『つち福』

千本通に面して建つ麺類の店『つち福』（地図B㉓）。ここも目立たぬ構えながら、素直な味わいで何を食べても美味しい。

『つち福』

表の看板には〈三代目老舗〉とあり、ガラスのショーケースには、ところ狭しとサンプルメニューが並んでいる、昔ながらの店構えが好ましい。

化学調味料を一切排したという出汁が美味しい。京都のうどん屋は幾らか甘めの出汁を特徴とするが、この店は甘さも控えめで、しみじみと美味しい出汁が味わえる。

『つち福』の羽衣丼

お奨めはにしん蕎麦か、もしくは羽衣丼。にしん蕎麦は出汁の味わいがダイレクトに口に広がり、やや黒めの蕎麦との相性がぴったり。羽衣丼は、海老天を卵でとじた丼で、他の店で言うなら〈天とじ丼〉だろうか。この海老天が、丼からはみ出すほどの大きさで、誰もがまず驚く。しかもコロモでごまかすことなく、海老の身がびっしり詰まっている。食べ応え満点で、しかし化学調味料を使っていないせいか、食後の胃袋は軽やか。界隈きっての銘店と言ってもいい。だし巻きやにしん煮などの一品ものも味わい深いので、蕎麦前ならぬうどん前で一杯飲んで、〆に天ぷらうどんといった昼飲みの店としても使える。

きっと職人が多い界隈だからだろう。千本中立売近辺は昼飲みファンには堪えられない街だ。

新書版ではランチ向きのお店のみ紹介したが、本文庫版では、夜のお店も紹介しておこう。通り歩きのメに訪ねてみたい。

洛北・西陣の夕食処

『うたかた』

しばしば言及しているが、京のおばんざい、というものは特別なごちそうではなく、京都人がふだんの暮らしの中で、決まった日に食べたりする簡素なおかずのことを言う。したがって基本的にお店で食べるものではなく、家庭で食べるものなのである。

ではあるが、せっかく京都に来たのだから、おばんざいなるものを食べてみたい、というリクエストをいただくことは少なくない。そんなときにお奨めする店と言えば、これまでは先斗町《ぽんとちょう》の『ますだ』だけだったのだが、最近は洛北紫竹《しちく》の『うたかた』（地図A㉔）をもお奨めしていて、好評をいただいている。

北山大宮の交差点から大宮通を南へ。三筋目を東へ入った北側に建つ町家が『うたかた』。昔ながらの風情漂う京町家で、おばんざいとお酒をゆったりと愉しめる店である。

よく保存された京町家に上がりこんで、手前にテーブル席、その奥にカウンター席、更に奥に裏庭に面した個室テーブル席という設《しつら》えで、僕はたいていカウンター席に陣取り、ずらりと並んだ大鉢や大皿に盛られたおばんざいを品定めする。

おばんざいというものは、元々はご飯のおかずだったので、お酒のアテにするには少しばかり味付けを控えないといけないのだが、このお店はみごとにそれをクリアしている。茄子にしんだとか、小芋の炊いたんなどは、日本酒はもちろん、ワインにもよく合う。

おばんざいと並んで、この店を象徴しているのが女将《おかみ》の存在。着物姿も艶やかに、軽やかな接客が心地いい。加えて、〈女将のぎょうざ〉や〈女将のハンバーグ〉などの名物料理もあいまって連日の大盛況。早めの予約は必須だが、わざわざ訪れる価値充分の店。

『わか杦《すぎ》』

近ごろの人気割烹はおまかせコース一本鎗で、しかも一斉食事スタートだったりするので、すっかり足が遠のいてしまっている。そもそも割烹というものは、臨機応変、客の好みに応じて即興で料理をすることから始まったのだから、近ごろのこうした店は割烹とは呼べないのではないかと思っている。

なぜこういうスタイルが流行るかと言えば、日本料理に慣れていない客は、何をどう注文していいのかが分からないので、コース仕立てを喜ぶのだと聞いた。さらになぜ一斉スタートかと言えば、これもまた食べ方が分からない客にとって、隣の客を真似ればいいという安心感からなのだそうだ。何をか言わんや、だが、これも時代の流れなのだろう。

というわけで、最近はおまかせコースと、アラカルトを併用する店ができてきた。なかなかいいシステムだ。洛北『金閣寺』近くに店を構える『わか杦』（地図A㉕）もそんな一軒。

金閣寺前の交差点から西大路通を下って、ひと筋目を東に入ってすぐという好立地にありながら、閑静《かんせい》な佇まいで静かに客を迎え入れる。昼はおまかせのみだが、夜は豊富な一品料理が用意され、お酒を愉しみながらゆっくりと和食を味わえる。

カウンター八席だけの小さな店を夫婦で切り盛りするという、僕には理想的なスタイル。夜のお品書きは、酒肴、造り、焼物、油物、焚物《たきもの》など、酒徒《しゅと》ならずとも垂涎《すいぜん》の料理がいくつも並ぶ。日本酒のほかに焼酎やワインもあって、落ち着いた京都の夜を愉しむには格好の店だ。

『雄飛《ゆうひ》』

この店を掲載すべきかどうか、大いに迷った。

せっかく静かにひっそりと営んでおられるのに、騒がさせるようなことになってはいけないと思いつつも、こんないい店が洛北にあるのだと知らしめたい気もして。

先述した『うたかた』から西へ歩いて十分と掛からない。バス通りに面していながら、ひっそりと佇んでいるのは『雄飛』（地図A㉖）という鮨屋。いつの間にかオープンしていて、その前を何度も通りながら見逃していた。それほどに目立たない店ながら、白木の立派なカウンターを備えた店で、なにより自由度が高いのが最大の特徴。可能な限り、客のリクエストに応えるという姿勢が好ましい。

まずは一度訪ねてみて、好みを伝えながらすり合わせをする。互いに探り探りしながらというスタイルは本来の割烹に近い姿。

地方の名店を片っ端から漁《あさ》るようなフーディーには向かない。食通仲間で貸切ったりすることにも向かない。地元に根付くことを願う店主は派手な趣向を好まず、あくまで客に寄り添う姿勢を貫く。主人ひとりで切り盛りするから、ひと組かふた組のみ。ひとり、もしくはふたりで、節度を持って静かに酒と料理を愉しむひとにしか向かない。

第二章

洛中を歩く

四神を祀る護王神社

洛中という言葉は実に曖昧模糊《あいまいもこ》としていて、北区から南区に至る京都市内の中心部すべてを指すこともあれば、中京区近辺の限られた場所を言うこともある。

洛中洛外図を例に引くと今の時代には合わなくなる。

複雑な地域分けはひとまず横に置くとして、本章では、京都のど真ん中という意での洛中歩きをご紹介する。京都に来たなら、誰もが一度は目にし、あるいは足を踏み入れる場所。何気なく通り過ぎてしまい、見知った気になるが、つぶさに見ることの少ない道をふたつ。

ひとつは京都御苑。御苑の中はもちろんのこと、四周には見どころがたくさんある。アクセスも便利なので、何度かに分けて歩くのもいい。

今ひとつは四条通。祇園祭で知られる八坂神社。京都旅をして、石段下に一度も立ったことのない人などいないだろう。ここから西へ歩くと、多くが行き交う繁華街から少し離れたところに、ひっそりと古寺が佇んでいたりする。そして、ずーっと西の果てまで歩くと、驚きの地名に遭遇《そうぐう》する。そんな四条通歩きに欠かせない美味しい店も、たっぷり紹介する。

第四の道

京都御苑と、その周りを歩く

——京都の真ん中、殉難《じゅんなん》の道から公家町へ

多くの京都人は、京都御苑という呼び方をせず、御苑全体を御所と呼ぶ。ただしく言えば京都御苑の中に京都御所があり、明確に区別されているのだが、京都人にとって、北は今出川通、南は丸太町通、東は烏丸通、西は概ね寺町通と、四つの通りに囲まれた場所を御所と呼ぶことが多い。

御所というのは言うまでもなく、天皇をはじめとする極めて限られた貴人の住まいを指すのだが、京都で生まれ育った子供は緑豊かな遊び場といったイメージでとらえていた。

その思いは長《ちょう》じても変わることなく、御所は京都人にとって、鴨川と並ぶ憩いの場なのである。

そんな御所の周りには都の歴史に深く刻まれた場所がいくつもあって、歩いていて興味は尽きることがない。

道真と家康に護られる――『霊光殿天満宮《れいこうでんてんまんぐう》』

まずは御苑の外から歩き始める。地下鉄烏丸線を今出川駅で降りて、今出川通を西へ歩く。三筋目、新町通を南に下ると、西側に石の鳥居が見えてくる。これが『霊光殿天満宮』（303ページ地図Ⓓね）。小ぢんまりとしていて、殆どが通り過ぎてしまうような神社だが、実は日本の命運を左右する事件で大きな役割を果たした社なのである。その事件をきっかけとして、徳川家康もこの社の祭神として祀られている。

菅原道真《すがわらのみちざね》と徳川家康。なぜこのふたりが祭神になったのか。

〈霊光〉とは、ともすればアヤシゲな新興宗教をも思わせる社名だが、道真の無念を晴らす一条の光が由来と聞けば、そのありがたみは弥《いや》が上《うえ》にも増す。

左遷された道真は、失意のうちに九州へと旅立つ。その途中、河内国《かわちのくに》（現在の大阪府の南東部）に立ち寄った際、不思議な現象が起こった。道真一行が歩いていると、突如として空からひと筋の光が差してきて、神が舞い降りてきた。驚くばかりの道真に、神がこう告げる。

「道真はん。あんたはひとつも悪ぅない。そない落ち込むことなんか、あらへん。あんたをひどい目に遭わせたヤツらは、わしが、ちゃあんと滅ぼしてやるさかいに安心してなはれ」

河内国らしい大阪弁だったかどうかは定かでないのだが、概ねそのようなお告げだったらしい。

『霊光殿天満宮』

道真の子孫は、この話を伝え聞き、その地に社殿を建立し、〈霊光殿〉と名付けた。その後、社殿は京都のこの地に移築され、河内国と縁の深い若江《わかえ》家によって護られてきたという。

と、話がここで終わらないのが、京都の奥深いところ。一躍この神社が脚光を浴びることになるのは、かの元寇《げんこう》のとき。何としても勝利を、と祈る思いで、当時の後宇多《ごうだ》天皇が必勝祈願に出向いたのが、この『霊光殿天満宮』。

文永十一年（一二七四）。数万の蒙古《もうこ》兵たちが数百隻の船に乗って、日本を攻め立てる。守るのは日本中から馳せ参じた鎌倉武士たち。一週間にも及ぶ攻防の後、なんとか蒙古へ追い返すことに成功した。ホッと胸を撫で下ろしたのもつかの間。数年を経て、今度は倍以上の規模の蒙古軍が、朝鮮半島から日本に向けて出航する。それを察知した我が日本側は、万全の守備態勢を整えるものの悲観論も少なくなく、大和の国は蒙古の属国になってしまうのでは、と恐れる向きも少なくなかったという。

やがて蒙古軍は日本の沿岸に到着し、戦闘態勢に入る。激しい攻防が二箇月にわたって続く。もはやこれまでか、と多くの武士が覚悟を決めたまさにそのとき、神風が吹いたのである。七月の末という時期だから、きっと台風が襲ったのだろう。殆どの船が沈没した蒙古軍は撤退を余儀なくされ、日本が勝利を収めることになる。まさしく神風である。

この事態に喝采《かっさい》をおくったのは誰あろう、後宇多天皇。必勝祈願をしたおかげだとばかり、「天下無敵　必勝利運」と揮毫《きごう》し、この神社に寄贈した。それが、石の鳥居に掛かる額束である。

こうして、神も味方に付けて勝利したことになんとかあやかりたいと思ったのが、徳川家康だった。応仁の乱によって荒廃した当社の復興に尽力した家康は、途絶《とだ》えていた若江家も再興させる。その後、三代将軍家光が、家康の像を祀ったことから、家康も菅原道真と共に、当社の祭神になったというわけである。

当社にお参りされたら是非お守りを。「天下無敵　必勝利運」。そのお墨付きを与えたのが時の天皇で、祭神は道真と家康。スーパー・トリオが守ってくれる。

ここから始まる「長崎への道」――『カトリック西陣聖ヨゼフ教会』

『霊光殿天満宮』を出て新町通を下ると、武者小路《むしやのこうじ》通を越えてすぐ西側に、教会が見えてくる。ここが『カトリック西陣聖ヨゼフ教会』（地図D◎）。創立は一九〇七年というから、明治末期のことだ。当初は二条新町にあったのが、移転を繰り返し、昭和十四年（一九三九）にこの地に落ち着いた。

どうしても寺や神社に目が行きがちだが、教会もまた、京都になくてはならない存在である。我が国に於けるキリスト教は、常に弾圧との戦いを余儀なくされ、京都もその例外ではなかった。

「長崎への道」というものがあるそうだ。日本で最初にキリシタン殉教者として磔《はりつけ》になった二十六人は、京都から長崎へと千キロ以上にも及ぶ長い道程を約ひと月かけて歩いたという。その道筋を辿るのが「長崎への道」。キリスト教徒にとっての巡礼の旅とも言える道筋は、この教会から始まっているという。つまりは第一番札所《ふだしよ》である。

京都と大坂で捕縛《ほばく》された二十四名の信者たちは、秀吉の命により、一条戻り橋で左の耳を切り落とされ、処刑されるためだけに長崎まで旅をする。なんと過酷な旅だろうか。その道中で信者の世話をしていた二名も加わり、二十六名は長崎の西坂の丘の上で処刑される。殉教した二十六人はその後、カトリック教会によって、聖人と認められ〈日本二十六聖人〉と呼ばれるに至った。

ここ『カトリック西陣聖ヨゼフ教会』は、一条戻り橋から最も近い場所にある教会であることから、第一番の札所とされている。

『カトリック西陣聖ヨゼフ教会』

毎年二月五日の殉教の日から最も近い主日にミサが行われ、教会から一条戻り橋まで、ミニ巡礼が催されるという。

長く日本の中心地であった京都には、正だけでなく、負の歴史も多く積み重ねられている。ただ異教だというだけで罪なき人々を、残虐極まりない方法で処刑した。なんとも痛ましいことだが、これもまた、京都という街で起こった史実なのである。許可を得られれば、御聖堂の中を見ることもできる。

百年を超える老舗『澤井醤油本店』

『カトリック西陣聖ヨゼフ教会』から南へ。四筋目の下長者町通の北西角に、古風な京町家が建っている。鼻の利く方なら、辺りに漂う香ばしい匂いに気付くことだろう。古くからある醤油蔵『澤井醤油本店』(地図D㉗)である。明治十二年(一八七九)の創業というから、優に百年を超え、押しも押されもせぬ老舗醤油店である。

無形文化遺産に指定され、一躍脚光を浴びるようになった和食だが、調理する上で欠かすことのできない調味料が醤油。この「澤井醤油」を使い続ける京料理の店は決して少なくない。それどころか、手軽なうどん屋、ラーメン屋でもこの店の醤油はよく使われている。

出来上がった生《き》の醤油に、再び大豆と小麦を入れて熟成させた「二度熟成再仕込醤油」をはじめ、関西ならではの薄口醤油「都淡口《みやこうすくち》」など、大手メーカーの醤油とはひと味もふた味も違う醤油が、小さなサイズで売られているのも嬉しい。自分用にもいいが、京土産にしても喜ばれる。店には醤油を仕込む大きな桶《おけ》も並んでいて、見学もできる。通常はコンクリートなどで覆われる〈室《むろ》〉もここでは木板。これもまた、京都ならではの特徴である。

街歩きの途中に醤油蔵。いかにも京都な取り合わせだ。

『澤井醤油本店』

明和年間創業『山田松香木店《やまだまつこうぼくてん》』

新町通をさらに下り、出水通を東へ。二筋目、室町通を南に下ってすぐ、西側に『山田松香木店』（地図D㉘）がある。香木店、つまりはお香の店である。広い間口に、〈香〉と染め抜かれた暖簾が風に揺れる。もちろん醤油蔵とは違うが、辺りに香りが漂うのは同じ。

明和年間の創業。当初は薬種商だったのが、香木の専門店となり、ここもまた、京都になくてはならない店として知られている。たとえば日本旅館。アプローチから玄関に入った瞬間、お香の匂いが鼻先をくすぐる。割烹、料亭も同じ。まるで香りの結界を築くようにして、玄関先でお香を焚《た》く。

匂袋《においぶくろ》をはじめ、香飾り、文香《ふみこう》など、火を使わず、手軽に香を愉しめるものから始めるのもいい。旅先でもお香を焚けるトラベルセットという変わり種もある。香道という風雅な趣味にハマるのも愉しい。香りを買う。香りを土産にする。新たな京都の愉しみ方を様々に教えてくれる。

『山田松香木店』

和気清麻呂《わけのきよまろ》をめぐるミステリー――『護王《ごおう》神社』

『山田松香木店』を出て、出水通に戻り、烏丸通へと辿る。少しばかり北へ。京都御苑の向かい側にあって、和気清麻呂公を主祭神として祀る神社が『護王神社』（地図Ⓓは）。蛤《はまぐり》御門《ごもん》を南に下った向かい側だ。下長者町通の南側角に建つ『護王神社』は、御苑に気を取られてか、存外参拝客も少なく、落ち着いた佇まいを見せている。

看板を見ると、〈和気公綜社《こうそうしゃ》〉〈足腰の守護神〉というキャッチフレーズと共に〈いのししの神社〉とも書かれている。和気清麻呂公、イノシシ、足腰。

一見バラバラに見えるこの三つが、一本の糸に繋がる鍵、それが〈宇佐八幡宮神託事件〉。奈良時代の話なのに、まるで二時間ミステリーのようなタイトルだ。

近世以前、日本の歴史を根幹から揺るがすような大事であっても、たいていはナントカの変、と呼ばれ、○○事件と呼ばれることは滅多にない。つまりはそれほど大変な事態だったわけで、日本の皇室最大の危機とも言われているから、やはり事件と呼ぶのがふさわしいようだ。

今でこそ、女性天皇問題が議論の的となっているが、かつては女性天皇も時折り出現し、称徳《しょうとく》天皇もそのひとり。とは言え、以後江戸時代初期に即位した明正《めいしょう》天皇までの八百五十年もの間、女性天皇は出現しなかったのだから、稀なことなのではある。

その称徳天皇が、あるとき、とんでもないことを言い出す。

――次の天皇は弓削道鏡《ゆげのどうきょう》にせよとのお告げがあった。しかと心得よ――

弓削道鏡と言えば、ただの僧侶であって皇室とは縁もゆかりもない。そんな道鏡を後継に指名するとは。誰もが驚いたが、意に介さぬ称徳天皇はダメを押す。

――これは宇佐神宮のお告げである。たしかむるべし――

そう言って、和気清麻呂公の姉君、和気広虫《わけのひろむし》を使者として指名する。豊後国《ぶんごのくに》までの長旅を女性である姉にさせるわけにはいかないとばかり、清麻呂は自ら買って出て宇佐神宮へと出向く。

宇佐神宮での遣《や》り取りは諸説入り乱れ、詳《つまび》らかではないが、都に戻った清麻呂が称徳天皇に、こう進言したことだけは間違いがないようだ。

――古来、天皇は、天皇家以外から出ておりませぬ。それは今後も変わらぬとお告げを受けてまいりました――

かくして不承不承《ふしょうぶしょう》、称徳天皇は道鏡を後継者にすることを諦めるものの、目論見《もくろみ》を反故《ほご》にされた清麻呂姉弟に対する恨みは深く、清麻呂は別部穢麻呂《わけべのきたなまろ》と改名させられ、島流しの憂《う》き目に遭う。さらには道鏡が送り込んだ刺客によって、清麻呂は足に深い傷を負う。ちなみに、姉の広虫は狭虫《さむし》と改名させられている。どう見たって子供の喧嘩、イジメ以下の所業である。

不遇をかこっていた清麻呂だが、称徳天皇の崩御《ほうぎょ》によって息を吹き返す。一転して、天皇家を救ったヒーローとなったのである。そんな清麻呂を祀る神社ゆえ、国の王を護る神社、すなわち『護王神社』と呼ばれるに至った。しかし、

『護王神社』

清麻呂公の功績はそれにとどまるものではない。平安京遷都に於いても、重要な役割を果たしたのである。

延暦《えんりゃく》十二年（七九三）の正月。清麻呂公は桓武《かんむ》天皇を狩猟に誘い出す。場所は東山の山腹。市内が一望できる場所に立って、京都盆地を見下ろしながら、清麻呂公は言う。

――どうです。ここに都を移しませんか。今のまま長岡に都を置いておくと、また災いが起こるやもしれません。ここそ都にふさわしいではありませんか――

まるで不動産屋のような誘い文句を清麻呂公がつぶやく。

桓武天皇も、その眺めに心を奪われ、清麻呂公の奨めに従い、翌年、延暦十三年。すなわち西暦七九四年、平安京遷都に着手する。

また桓武天皇は、都の鎮護のために将軍の土像を作り、鎧兜《よろいかぶと》も着せて塚に埋めるよう命じた。その場所こそが、清麻呂公に案内された場所であり、今も将軍塚と呼ばれ、京都市内を見晴らす名所となっている。

その際、清麻呂公が四神にまで触れたかどうかは定かでないが、平安京遷都の決め手となったのは、京都盆地が四神相応の地だったからで、それを表しているのが拝殿の内側、四方に掲げられた額絵。東に青龍、南に朱雀、西に白虎、北に玄武。京都盆地はその四神に相応しているのである。諸説あるが、青龍は鴨川、朱雀は巨椋池、白虎は山陰道、玄武は船岡山とするのが一般的である。

あとはイノシシと足腰だが、これもまた清麻呂にゆかりのある話だ。道鏡の陰謀を阻止し、みごと天皇家の危機を救った清麻呂は、宇佐神宮へとお礼参りに向かう。と、道に迷った清麻呂一行の道案内をしたのは、数百頭にも及ぶイノシシの群れで、それに従って旅をするうち、足の傷もすっかり癒えてしまった。と、これでイノシシと足腰問題はクリア。

御苑に向かい合う表門から境内に入る。

四神を四方に祀った拝殿

入ってすぐ右手にあるのが手水舎。鼻から水を出して、イノシシが迎えてくれる。水を掛け、鼻を撫でると幸せになると言われているようだ。拝殿の前におわすのも当然イノシシ。狛犬ならぬ狛イノシシ。『護王神社』のシンボルであり、アイドルでもある。

拝殿でのお参りを済ませ、右手に回ると、凛々《りり》しきお姿の和気清麻呂公とご対面。大イチ

足腰の守護神

可愛いイノシシのお守り

ヨウの木を背に、御所をまっすぐに見つめる姿はやはり只者《ただもの》ではない。時の権力者に阿《おもね》ることなく、きっちりと筋を通した結果、今日に至るまで天皇家が正しく受け継がれている。日本の恩人と言ってもいいだろう。

そのことを象徴するかのように、清麻呂公像の背後には〈さざれ石〉が鎮座している。高さ二メートル、幅三メートルにも及ぶ巨大な巌《いわお》。国歌「君が代」に詠まれる通り、大小様々な石が集まって、屈強な塊《かたまり》となる。

清麻呂公と〈さざれ石〉。我が国の原点をこの社で目の当たりにする。この一事だけでも訪れる価値のある『護王神社』だが、せっかくだから、境内に点在するイノシシも見ておきたい。

オガタマの木の根本に鎮座する「願掛けイノシシ」と、願い事を奉納する「座立亥《くらたてい》串《ぐし》」。かつて境内にあった桂の根株を彫った「飛翔《ひしょう》親子猪」、さらにはガラスケースに陳列された、「猪コレクション」など。亥年《いどし》生まれならずとも、そのご利益にあやかりたいと願うばかり。おみくじの入ったイノシシの置物は、見た目も可愛く、京土産にするのも一興。

「さざれ石」

太宰府《だざいふ》へと繋がる〈第一番〉――『菅原院《すがわらいん》天満宮神社』

『護王神社』から南へ下ると、下立売通《しもだちうり》の角に「日本聖公会聖アグネス教会」が見えてくる。赤煉瓦が印象的な教会は、明治三十一年（一八九八）竣工《しゅんこう》という長い歴史を持ち、界隈のメルクマールになっている。

そのすぐ南側。教会に隠れるようにして建つ神社が『菅原院天満宮神社』（地図D㋪）。京都人はここを、〈烏丸の天神さん〉と呼んでいる。

道真公を祀る天神社は、京都にも数多くあり、それぞれを呼び分けるのが京都人の習わしで、たいていは地名をアタマに付け、天神さん、と呼ぶ。最もよく知られるの

道真公の産湯の井戸

が〈北野の天神さん〉だろうか。

「菅公聖蹟《せいせき》二十五拝」というものがある。京都から太宰府まで、道真公を祀る天神社の中でも取り分け由緒の深い二十五社を、順に参拝するというもの。その第一番が、この『菅原院天満宮神社』なのだ。ちなみに第二番は『錦天満宮』。通称〈錦の天神さん〉で、最後の第二十五番が『北野天満宮』である。

はて、どこかで聞いたような話だなと思われた方も多いだろう。この道を歩き始めて二箇所目に訪れた『カトリック西陣聖ヨゼフ教会』が、「長崎への道」で第一番札所だったことに酷似している。どちらも京都から九州へ、殉難の道を辿らせていて、その道筋を巡礼して御霊を鎮めようとする旅。そして、いずれもその第一番が、京都御所の近くにあるというのも因縁めいている。

それはさておき、この『菅原院天満宮神社』。その名が示す通り、ここはかつて菅原家の邸宅だった。それ故、道真公だけでなく、父是善《これよし》、祖父清公《きよきみ》も共に祭神として祀られている。さらに、邸宅だった証として、道真公が産湯《うぶゆ》に使ったと言われる井戸が残されている。

一旦は枯渇した井戸だったが、先年掘り返し、再び湧き出るようになり、今では参拝客に振る舞われている。

汲み上げるような井戸ではなく、蛇口をひねれば水が出る様式なので、些か興趣を削《そ》ぐが、味はまろやかでいい。ふたつ蛇口が並んでおり、並ばずとも汲める。ペットボトルに入れて持ち帰るのも一法。

境内には「道真公と丑《うし》の由来」が記されており、道真公が丑年の生まれだから、とか、危機を丑が救った、自らの埋葬地を丑に委ねた、などの諸説を紹介している。どれも納得するには至らなかったのだが。

癌封じの社として人気を呼んでいる摂社「梅丸社」も建ち、鎮座する丸い石をさすって祈願すると、癌封じに霊験あらたかなのだそうだ。

天満宮に鎮座する丑

『麩嘉《ふうか》』の麩饅頭《ふまんじゆう》

『菅原院天満宮神社』を出て、南に下ると最初の通りが椹木町《さわらぎちょう》通。これを西に歩き、西洞院《にしのとういん》通を北に上ると、麩の名店『麩嘉』（地図D㉙）がある。目印は大きな白い暖簾で、愛らしいおたふくさんの顔の横に、〈FUKA〉と書かれてある。モダンな暖簾だが、その他に茶色の生地に「〈カ」と白く染め抜かれたものもある。季節によって掛け替えられているのかもしれない。小屋根の上には鍾馗《しょうき》さま。虫籠窓《むしこまど》の細いスリットも美しく、文化文政年間（一八〇四—三〇）創業という伝統を感じさせる外観である。

『麩嘉』

『麩嘉』名物は「麩饅頭」。おやつに良し、土産に良し、錦市場やデパ地下でも求めることができるが、やはり本店を訪ねてこその京名物だ。ただし購入には事前の電話予約が必要。

笹の葉に包まれた麩饅頭。指に纏《まと》わりつく麩を口に入れると、さらりとしたこし餡の甘さに、思わず笑みがこぼれる。後を引く味。

お竈《くど》さんで作る『入山《いりやま》豆腐店』

『麩嘉』を出て、椹木町通を西へ。油小路通の東北角にあるのが『入山豆腐店』（地図D㉚）。『麩嘉』ほどには手が入っていないが、それ故、昔ながらの町家らしさが際立つ。茶色い暖簾に〈とうふ〉の三文字と〈入山〉の二文字。その横には創業文政年間と白く染め抜かれている。文政は文化と天保の間だから、今から二百年近く前から豆腐を商っていることになる。こんな老舗がさりげなく暖簾をあげているのが本当の京都の姿なのだ。さも長い歴史があるように、○代目などと屋号に謳う店とは品格が違うということを知っておいてほしい。

ひと昔前まで、京都の豆腐屋といえば、どこもがこんな感じだった。豆腐を作りながら、傍らで売る。この店ではそのスタイルを長く守り続け、かつ、美味しい豆腐を商うことで、地元京都人の人気を集めている。

今も現役のお竈さんで作る豆腐が、まずいわけがない。豆の味がしっかり残り、滑らかな舌触りで、つるりと喉をすべっていく。そのお竈さんの消し炭で焼き目を付けた、焼き豆腐や、こんもりと、今にも崩れそうな、くみ上げ豆腐が一番のお奨め。持ち歩き時間が短いなら、土産にもいい。京都らしい味わいの豆腐は、こんな街角にある。

京都御苑の三つの神社

1．白雲《しらくも》神社

周辺歩きはこれくらいにして、京都御苑（302ページ地図CとDⓢ）に入ろう。『入山豆腐店』からなら、烏丸下立売の信号を渡ってすぐにある下立売御門が、最も近い出入口だ。

下立売御門を入ってすぐ左手、北側に広がるのが〈出水の小川〉という散歩道。クスノキの間に里桜や八重桜が植えられ、春には格好の道筋。さらさらと流れる小川は、子供たちには何よりの遊び場。夏場には水浴びをする子供の歓声が響く。

京都御苑の中は年々整備され、より公園らしくなっている。僕が子供のころなどは、鬱蒼とした森があり、歩道もさほど整備されていなかったので、道に迷うこともしばしばだった。遊びに夢中になっているうち、急に陽が落ちて辺りが暗くなってきて、さて家に帰ろうとして森に迷い込み、泣きそうになったことを思いだす。

今では隅々まで整備され、道しるべもあちこちに立っているので、迷う心配は皆無だ。〈出水の小川〉を北に抜けて、右手奥に鳥居が見えてくる。ここが『白雲神社』（地図D㋬。この神社のすぐ北側に〈西園寺邸跡《さいおんじ》〉の駒札が立っているように、この辺りは西園寺家の屋敷があったところ。そしてこの『白雲神社』は、西園寺家の鎮守社であり、妙音《みょうおん》弁財天を祀っていることから、〈御所の弁天さん〉とも呼ばれている。

さて、この弁天さん、元はどこにあったかと言えば、京都有数の観光名所として知られる「金閣寺」の辺りである。西園寺家というのは琵琶の宗家で、北山に別邸を建て、〈北山第〉と名付け、その鎮守社として弁天堂を建立した。どういう経過を経てきたのか不明だが、時を経て、この地に移ってきたというわけである。

『白雲神社』

ちなみに〈北山第〉は、その後足利義満に受け継がれ、別荘は『金閣寺』となって寺に生まれ変わったのだ。歴史にもしもはタブーだが、もしもこの弁天さまが、西園寺家と共に、彼《か》の地に居座り続けていたら、『金閣寺』が生まれることはなかったかもしれない。そう思ってあらためて参拝すると感慨もひとしおだ。

そんな不思議な因縁を持つ『白雲神社』だが、もうひとつ、京都の歴史の一コマと深い関わりを持っている。

京都の私立大学の両雄と言えば、同志社と立命館。その立命館は、この『白雲神社』の辺りで産声を上げた。明治二年（一八六九）、西園寺公望《きんもち》が〈私塾立命館〉を開き、錚々たる顔触れの賓師《ひんし》が集まり隆盛を極めたが、翌明治三年、塾のありかたに不穏な動きを感じ取った京都府庁は、差止命令を出すこととなる。こうして、わずか一年で閉鎖に追い込まれた〈私塾立命館〉は時を経て、立命館大学へと姿を変えていく。

広々とした空を見渡す京都御苑にあって、木立《こだち》に覆われ、鬱蒼とした境内を持つ『白雲神社』。ここから京都有数の大学が生まれ、名刹金閣寺を建立する切っ掛けを作った。小さな社だが、大きな歴史を背負っている。

ちなみにもうひとつの雄とも言える同志社は、京都御苑のすぐ北側に赤レンガ造りの学び舎を並べていて、モダンな光景を見せ続けている。一方で立命館は何箇所かに分散しているが、本丸《ほんまる》とも言える衣笠《きぬがさ》キャンパスは衣笠《きぬがさ》山のふもと、『金閣寺』のすぐ南にある。立命館と『金閣寺』には不思議な因縁があるのだろう。

2. 宗像神社《むなかた》

『白雲神社』を出て、元来た道を戻る。〈出水の小川〉が切れた辺りに、赤松の木立が見える。ここが『宗像神社』（地図Dⓗ）。

この神社の話の前に、そもそも、この京都御苑というのは、どんな歴史を辿ってきたかを、ざっと振り返ってみる。

御所の周りのこの辺りには、江戸時代に至るまで、二百以上もの公家が屋敷を構えていた。御所との結び付きが深く、いち早く馳せ参じるには何かと便利な場所だったのだろう。往時を想像してみると、立派な屋敷が軒を連ねる壮大な光景が浮かび上がってくる。

時は下り、明治になって天皇家が東京に移るとそれに伴い、公家たちも京を離れていった。公家屋敷は殆どすべてが空き家となり、御所の周りは当然ながら荒廃する。この様子も想像するだに侘しい。主《あるじ》をなくした空き家というのは寒々とした光景を映しだし、京が都でなくなったという現実を見せつける。

この憂《うれ》うべき事態に立ち上がったのが、誰あろう、岩倉具視《ともみ》。岩倉は明治十年（一八七七）、御所保存を建議した。これに呼応した京都府が、空き家となった公家屋敷を撤去し、御所の周囲を整備したのが、京都御苑の始まりである。下立売御門から入

『宗像神社』

り、『白雲神社』、『宗像神社』と辿ってきた界隈には、かつて多くの公家屋敷が建っていたのである。
この『宗像神社』は藤原冬嗣《ふゆつぐ》邸の鎮守社として建てられたという。藤原冬嗣と言えば、薬子《くすこ》の変で大いに活躍し、奈良に都を戻そうという動きを封じ込めた人物として知られている。つまりは、平安京の恩人というわけだ。
筑前《ちくぜん》の宗像大社から勧請《かんじょう》した〈宗像三女神〉を祀っている当社の境内には、ちょっと珍しい木が植わっている。
本殿の向かい側に植わる、タラヨウの木がそれ。多羅葉と書き、葉っぱの裏側に経文を書いたり、葉をあぶり、占いに使ったりされた。これが葉書の語源になったとも言われている。故に、〈郵便局の木〉に指定され、東京の中央郵便局前をはじめ各地の郵便局に植樹されているそうだ。

3. 厳島神社《いつくしま》

京都御苑の中に『厳島神社』？　何かの間違いでは、と思われる向きもあるだろうが、〈池の弁天さん〉と呼ばれ、京都人から親しまれている神社である（地図Ⓒま）。

その名が示す通り、安芸の厳島神社から勧請された。平清盛が母・祇園女御《ぎおんのにょうご》のために、兵庫は築島《つきしま》に建立した社を、曲折を経て、九条道前《くじょうみちさき》が自らの邸内に遷座《せんざ》させたものである。九条家の庭は池泉《ちせん》回遊式庭園となっていて、九条池に浮かぶかのようにして、石の鳥居が建っている。

この鳥居、ただの鳥居ではない。京都三鳥居のひとつに数えられるほど、珍しい鳥居なのである。花崗岩《かこうがん》で作られていて、島木《しまぎ》と笠木《かさぎ》が唐破風《からはふ》の形式を取り入れている、破風形鳥居。他では見られない形をしている。

鳥居の前に立ち、池を眺めると、欄干に擬宝珠《ぎぼし》を持つ橋が見える。これは〈高倉橋〉と呼ばれ、明治十五年（一八八二）に持ち上がった、天皇行幸《ぎょうこう》計画に伴って架《か》橋《きょう》されたもの。見るべきは、この橋脚である。四百年も前に豊臣秀吉が架橋した三条大橋や、五条大橋の石造橋脚を、再利用しているのだ。

一旦『厳島神社』を出て東側に廻り込むと、この橋を渡ることができる。天皇行幸のために架《か》けられたとあって、建礼門《けんれいもん》からまっすぐにこの橋へと辿り、丸太町通へと

『厳島神社』の「池の弁天さん」

「高倉橋」

通じる道筋ができている。

結局、天皇がこの橋を渡ることはなかったが、京都御苑きっての風光明媚《めいび》の地として、大きな役割を担っている。

秋に訪れたい『閑院宮《かんいんのみや》邸跡』

報道でよく耳にする「宮家」という言葉。分かっているようで、分からないことも少なくない。定義すれば、宮号を賜った皇族一家、となるのだろうが、法的な根拠があるわけではない。現存する宮家は、秋篠宮《あきしののみや》、常陸宮《ひたちのみや》、三笠宮《みかさのみや》、高円宮《たかまどのみや》の四つ。過去にはどれほどの宮家があったのか想像もつかないが、かつて四親王家というものがあり、伏見宮《ふしみのみや》、桂宮《かつらのみや》、有栖川宮《ありすがわのみや》、閑院宮の四つの宮家を指したことは、おぼろげながら、聞いたような気がする。
地名にも名が残る三つの宮家に比べて、閑院宮は馴染みが薄い。どんな宮家だったのか。それを目の当たりにできるのが、『宗像神社』の向かい側、京都御苑の南西隅にある『閑院宮邸跡』（地図Dみ）。

『閑院宮邸跡』

創建当初の建物は天明の大火（一七八八）で惜しくも消失し、明治十六年（一八八三）に新築された建屋だが、新しく整備された庭園を含めて忠実に再現されているので、在りし日の宮家を偲《しの》ぶことができる、貴重な場所である。
　わけても庭園は、大正期の図面を基にし、専門家の意見を集約し、まる二年をかけて再現したもの。井戸も新たに掘り、伝統的な〈遣り水〉手法を取り入れ、池には州浜《すはま》も作られた。言ってみれば、御苑の中の浜辺で、この池を中心にして広々とした庭園が続き、格好の散策路となっている。
　平成二十六年（二〇一四）の春から一般公開されるようになった、この庭園。本書執筆時では、まだ、目にもまぶしい新緑のころしか見ていないが、きっと紅葉の時季は美しさを際立たせるに違いない。

とっておきの話をひとつ。この『閑院宮邸跡』の建屋に入り、南棟まで進むと、天井に紅《こう》梁《りょう》を渡し、蟇股《かえるまた》を置いた、ひときわ立派な造りの部屋がある。板敷きの部屋で注目したいのは、障子の間から、庭を望む床。よくよく見れば、ここに庭のもみじが映るのである。磨き込まれた床板に青々としたもみじが映っている。ということは秋になればきっと……。

秋には「床もみじ」が愉しめる

かつて洛北岩倉にある「実相院《じっそういん》」の〈床もみじ〉をテレビ番組で紹介したことがあるが、その後大勢の見物客が殺到し、大混雑となってしまった。その轍《てつ》を踏まないよう、このことは、本書だけに留めておくつもりだ。誰にもナイショで、ご自分だけの〈床もみじ〉を存分にご覧いただきたい。

第四の道の美味しい店

『御所雲月』

『御所雲月《うんげつ》』

京都御苑を〈石薬師《いしやくし》御門〉から出てすぐ、寺町通に面して『御所雲月』（地図C㉛）がある。

かつて鷹峯《たかがみね》にあった『雲月』は、まさに市中の山居といった趣で、多くの食通たちを魅了した伝説の店である。

その流れを汲む『御所雲月』は、手頃な価格で京都らしい料理が食べられる、なんともありがたい店。昼なら懐石コースでも三千円か五千円。夜でも五千円か七千円という手頃さだ。

近ごろの京都の日本料理店はその価格が急騰し、ランチタイムでも昼とは思えない価格設定をしている店も少なくない。それでも予約が殺到するというのだから、市井の民にはますます縁がなくなる。それに比してこの店の価格は極めて真っ当だと言えるだろう。

御苑歩きの雅《みやび》な空気をそのままに、京都らしい佇まいと料理を求めるには最適の店。カウンター席もあるので、ひとりでも気軽に暖簾を潜れるのもありがたいが、季節によっては満席になることもあるので、できれば事前に予約しておいたほうが安心だ。

格好の京土産にもなるのがこの店の名物とも言える〈小松こんぶ〉。ご飯のお供にも、酒のアテにもなり、万人の口に合う昆布はかさも低く、日持ちもするので京土産にぴったりなのだ。

『京都御苑中立売休憩所　レストラン　檜垣茶寮《ひがきさりょう》』

京都御苑の中にあるレストラン『檜垣茶寮』（地図D㉜）は、以前この休憩所にあった食堂のリニューアル版的存在。京都御苑の中にあって、手頃な価格で美味しいうどんが食べられたかつての大衆食堂から一変。京都らしい雅な食事処に変身した。ざるうどんや京風きつねうどんなど、かつての食堂を思い起こさせる手軽なメニューも残っているのがありがたい。

少し贅沢《ぜいたく》するなら、御所車をモチーフにした二段の器に、おばんざいと主菜を盛り込んだ〈御所車御膳〉がいいだろう。

京都産の日本酒や、体験型のお抹茶セットもあり、手軽に京都気分を味わうにはぴったりで、価格が値頃なのも嬉しい休憩所だ。

『料理・ワイン　イバラキ』

近年、京都御苑の南側で新しく飲食店を開くことが目立ってきた。界隈を御所南と呼び、最近何かと注目を浴びるエリアになっている。

この辺りには人が住まなくなって空き家となっている町家が少なくなく、それをリニューアルして京都らしさを演出した飲食店は観光客にも人気を呼んでいるが、その一方で地元客にも親しまれているというのが、このエリアの飲食店の特徴だ。

先に書いた『厳島神社』の真南辺り、堺町御門の斜め南向かいに店を構える『料理・ワイン　イバラキ』（地図D㉝）がその代表。店の名が示す通り、ディナータイムはワインを飲みながら、イタリアンやフレンチを愉しむスタイルだが、この店のランチが一風変わっている。

平日のみだが、ランチタイムには三種類の中華そばがメニューに上るのだ。

白そば、黒そば、豆乳担々麺の三つの中華そばから選ぶシステム。フレンチ風だとかイタリアン風とかではなく、ど真ん中の直球が嬉しい。煮卵や水餃子などのサイドメニューもあるので、昼からワインを一杯、も愉しめる。御所歩きの際に覚えておきたい店だ。

『新福菜館《しんぷくさいかん》 府立医大前店』

京都のラーメンを代表する『新福菜館』。驚くほどに黒いスープが特徴で、京都駅近くの本店は、朝から行列ができることで知られている。

市内各地に何軒か支店があるが、中でも、ラーメン通の間で、本店に近い味、と評価が高いのが、京都府立医大の正面玄関前に店を構える「府立医大前店」。だったのだが、すぐ近くの荒神橋畔《こうじんばしたもと》に移転した（地図C㉞）。府立医大の前というより南横に位置していても、店名はそのまま引き継がれているようだ。

支店によって、それぞれ少しずつメニュー構成が異なり、この「府立医大前店」の嬉しいところは、小サイズがあること。

ラーメン店ながら『新福菜館』は黒い色をしたやきめしも人気で、店に入って、ラーメンにするかやきめしにするか、必ず迷う。しかしこの店なら、小サイズを選べば両方愉しむことができる。よほど食の細い方は別として、たいていは両方完食できる。もちろん健啖家《けんたんか》向けのビッグサイズも用意されていて、〈特大新福そば〉とやきめしの（大）を頼めば満腹間違いなし。

ラーメンもやきめしも、初めて食べる客は、そのあまりの黒さにたじろぐが、食べてみると、見た目とは裏腹の、実にあっさりした味わいに、箸もレンゲも止められなくなる。

これも京都名物のひとつになった。

『大多福《おたふく》』

私事で恐縮だが、僕が生まれたのは河原町荒神口で、八歳になるまでこの地で育ったので御所界隈は我が庭のようなものだった。そのころは河原町通を京都市電が走っていて、我が家の真ん前に北行の停留所があった。

その真向かいに〈近江屋〉という仕出し屋さんがあり、何かと言えばその店から仕出しをしてもらっていた。いつしか生家も〈近江屋〉も姿を消したが、〈近江屋〉はビルになり、今回ご紹介する『大多福』（地図C㉟）が一階に店を開いているのを通りがかりに見つけた。

『大多福』

どうやら夜は居酒屋になるようだが、昼はうどん屋。匂いにつられてカレーうどんを食べてみたのだが、これがなかなかの味わいで、日を置かず再訪して肉丼を頼んだが、これまた旨い。旨いうえに相席になった常連客の様子を見ていると、ハーフサイズだとか麺少なめだとか、トッピング追加など、店主がこまかなリクエストに快く応えているのを見て、いっぺんに気に入った。

近くに役所や病院があるので、昼どきはかなり混み合うが、回転が速いのでさほどの待ち時間はない。イチ押しのメニューは〈ハムカツカレーうどん〉セット。

ほどよい辛さで出汁のきいたカレーはうどんだけでなく、ご飯にもよく合う。カレー味が染み込んだハムカツをご飯に載せて食べ、うどんをすすると満足満腹のひとときが保証される。

『喫茶茶の間』

カレーと言って忘れていけないのは超辛の喫茶店カレー。

今や日本の国民食と言われるに至ったカレー。カレー専門店、洋食屋、食堂、蕎麦屋と、どこで食べても美味しい。ヒドく不味いカレーというのにも滅多に出会わないが、その一方で、飛び切り美味しいカレーというのも存外少ない。

『喫茶茶の間』

インドをはじめ、エスニックというのか、本場アジアの本格カレーも悪くはないが、やはり日本に馴染んだカレーが一番。たとえば喫茶店で出てくる、カレーライス。喫茶店だから、カレーは片手間かと言えば、決してそうではなく、それぞれの個性、コクがあって、満ち足りてスプーンを置くことができる。唯一の不満と言えば、辛さが足りないこと。

万人に向くようにか、喫茶店のカレーは美味しいが、概ね辛くない。どこか、辛口のカレーを出す喫茶店はないものか、と探して見つけた店だから、辛いカレーの好きな人には強くお奨めしたい。

「護王神社」から下長者町通を西へ。一筋目、室町通を越えてすぐ南側にあるのが『喫茶茶の間』（地図D㊱）。元は町家だったと見えて、二階に虫籠窓らしきスリットがあり、壁一面と共に白く塗られている。一見したところ、ありきたりの喫茶店。切っ掛けは、アルバイトをしていたスリランカ人だったと聞く。カレー作りのヒントを得て、京都人の口に合うようアレンジしたのが、「喫茶茶の間」のビーフカレー。牛肉と玉ねぎだけという、いたってシンプルなカレーだが、スパイスに秘訣があるのか、香り豊かで、コクがあって実に美味しい。辛さは五段階。僕は大辛を選んで大汗をかいているが、マイルドでも充分辛いようだ。
嬉しいのはカレーソースのお代わりができること。カレー専門店などでは、ご飯が余ってしまい、物足りなさを感じることがあるが、この店は太っ腹。リクエストすればフルサイズで追加してくれる。カレーファンには特にお奨めしたい店。

『末廣《すえひろ》』

京都御苑を南東側の出入口から出て、寺町通を下る。夷川《えびすがわ》通を越えて、しばらく歩くと、西側に建つのが『末廣』（地図C㊲）。昔ながらの京寿司を得意とする店だ。天保《てんぽう》年間（一八三〇—四四）創業というから、立派な老舗なのだが、その重さを客

『末廣』

に感じさせない、軽やかな空気がいい。格式張ったところなどかけらもなく、気軽な、近所のお寿司屋さんといった風だ。寿司全般、たいていのものはできるが、鯖《さば》の姿寿司や穴子の箱寿司など、京都ならではの寿司がお奨め。少し甘めのシャリと、しっかり味の付いたネタとが一体になり、とても美味しい。

僕の生家はこの近くにあり、僕が生まれて初めて、店の寿司というものを食べたのは、この『末廣』だと聞かされている。それ故思い入れも深いのだが、そんなノスタルジーなどなくても、足を運ぶ価値は充分にある。

冬限定の蒸し寿司は一度は食べてほしい逸品。火傷《やけど》しそうに熱々で、京の底冷えを芯から癒してくれる。

新書版を刊行したころは、さほど目立った存在ではなかったのだが、あれよあれよという間に人気店となり、席数の少ない小さな店ということもあって、すんなりと店に入れないこともしばしば。そんなときはあらかじめ頼んでおいて、テイクアウトするのがお奨め。御所や鴨川のベンチで京都ならではの寿司を味わうのも一興だ。

『ポパイ』

昔の食堂は決まって店の前にサンプルのショーケースが設置されていて、それを見ながら何を食べようかと迷ったものだが、近ごろはまったく見かけなくなった。

極端に言えば食べなくてもいい。見ているだけで愉しく、食べたつもりになったり、値段と内容を見比べたりするのもショーケースの役割だったのだが。

椹木町と釜座《かまんざ》通が交差する南西側、パン屋さんの横に階段があり、そこにショーケースが置かれている。店はその階段を上った二階にあって屋号は『ポパイ』(地図D㊳)。店の名前からして昭和の香りがする。

カツカレー、エビコロッケ、ハンバーグ、とんかつなど馴染み深い洋食メニューがずらりと並んでいて食欲をそそられる。

二階の店の窓際席に座って、僕が頼むのはたいてい洋食弁当。ショーケースにあったのは瓢簞《ひょうたん》形の赤い弁当だが、出てくるのは長方形の黒い箱形。

左にご飯、右におかず。海老フライ、ハンバーグ、焼肉、クリームコロッケ、出汁巻き玉子とハムにサラダ。見るだに愉しい洋食弁当のお手本だ。

とかくショーケースのサンプルに比べると、実際は貧弱ということが多いのだが、ここは逆。サンプルよりも内容が充実しているのが嬉しい。唯一の難点は喫煙可となっていること。この点が見なおされれば、もっと多くにお奨めできるのだが。

第五の道

四条通を歩く

——人波を縫《ぬ》って、祇園さんから賽《さい》の河原《かわら》へ

京都を特集する番組があれば、必ずと言っていいほど登場するのが、『八坂《やさか》神社』（地図Ｅ㋰）前の石段下。四条通の東の端にある。

日本三大祭のひとつ、祇園祭がこの『八坂神社』の祭であることを知らぬ者などいないだろう。通称〈祇園さん〉。だが、同じ四条通の西方に、〈元祇園〉と名乗る神社があることは、殆ど知られていない。〈祇園会《え》〉は、実はこの神社から始まったという、由緒正しき神社なのだが。

一方で、四条通の西の端に近い西院《さいいん》には、通称〈賽の河原〉と呼ばれる『高山寺《こうざんじ》』（305ページ地図Ｇ㋱）がある。三途《さんず》の川は、どこにあるのだろうか。

京都の通りの中で、最も人出の多い四条通。人波を縫って歩けば、また違った京都

の一面が見えてくる。

『八坂神社』と祇園祭

スサノオノミコトを祭神とする社や、八坂神社を名乗る社は、日本中で二千三百を超えるという。その総本社がここ『八坂神社』。夏は祇園祭、冬は大晦日《おおみそか》の〈おけら参り〉と、人出の絶えることのない神社だが、何より祇園のメルクマールとして、多くの旅人も参拝に訪れる。

四条通の東の突き当たり、という分かりやすい位置に建ち、清水寺《きよみずでら》、高台寺、知恩院、南禅寺《なんぜんじ》など、有名寺院への足がかりになるということも手伝って、まずは『八坂神社』を目指すというのが、大方の京都旅の出発点。京都のガイドブックには必ず紹介される有名神社ゆえ、詳細な案内は控え、歴史的経過について紹介する。

祇園石段下。京都観光の出発点とも言うべき場所にある、堂々たる朱塗りの楼門《ろうもん》はしかし、『八坂神社』の正門ではない。〈西楼門《にし》〉と呼ばれ、〈八坂神社の七不思議〉のひとつに数えられている。もっとも、蜘蛛《くも》の巣が張らない、と雨だれの痕《あと》が付かない、とふたつの不思議があるのだが。

『八坂神社』と名を変えたのは、比較的最近のことで、明治維新を迎えたころ。それまでは「祇園社」、もしくは「感神院《かんしんいん》」と呼ばれていて、神社と寺社が習合《しゅうごう》していた。そしてその「祇園社」は、播磨国《はりまのくに》（現在の兵庫県南部）からスサノオノミコトの同神とされる牛頭天王《ごずてんのう》の分霊を遷し、精舎《しょうじゃ》を建立し、「祇園寺」と名付けたのが始まりとされる。つまり元は寺だったところ、神仏《しんぶつ》分離令によって、『八坂神社』となったのである。坂が多いことから、近辺は八坂と呼ばれていて、社の名の由来となったが、それは明治以降のこと。つまり、平安期は無論、室町や江戸時代には『八坂神社』という名はなかったことになる。

　そして、同じ八坂の地名から名付けられた「八坂寺」は法名「法観寺《ほうかんじ》」として知られ、こちらは奈良時代以前からあったと言われている。京都の景観を代表する五重塔、「八坂の塔」も京に都が置かれる前に建立されたといい、八坂という名としては、はるかにこちらのほうが古い。つまりは『八坂神社』というより「祇園社」と呼ぶほうがふさわしいのである。

　元の「祇園社」が建立されたのは貞観《じょうがん》十八年（八七六）。そして祇園祭の起源とされる〈御霊会〉が二条城に近い「神泉苑」で始まったのが貞観十一年（八六九）。七年のタイムラグがある。このことを頭に刻んでおいて、『八坂神社』と祇園祭の関わりを、もう少し。

当社の主祭神は三神。中御座《なかござ》のスサノオノミコト、東御座のクシイナダヒメ、西御座のヤハシラノミコガミ。スサノオノミコト一家である。これらの祭神を載せた神輿が、氏子《うじこ》町内を練り歩き、疫病退散を願いながら御旅所まで渡御《とぎょ》する。これが本来の御霊会の姿であり、山鉾巡行《やまぼこじゅんこう》は、言ってみればその露払い。

十七日、御旅所に神輿でお出ましに、二十四日の還幸祭《かんこうさい》で神社にお帰りになるご神体が通る前に、町衆たちが予め町や通りを清めるために始めたのが、山鉾巡行の始まりとされている。数多の悪霊を鎮め、疫病退散を願うのが祇園祭の本来の姿。その主体は当然ながら、神を載せた神輿である。

ズバリ言えば、今や祇園祭のハイライトとされる山鉾巡行は、後から付け足したもの。しかし観光という観点からすれば、見物人を多く集めることができるため、官民挙げてこちらを主役に仕立てたのが、今の祇園祭となった。

二〇一四年から後祭が復活し、二十四日の還幸祭の前にも山鉾巡行が行われるようになったが、それは当然のことであって、五十年近い間、ご神体が神社にお帰りになる際は、清めることを止めてしまっていたようなものだからだ。

神事より観光優先。それが近年の京都の困った傾向である。それに惑わされることなく、京都の本質、本来の姿をしっかりと目に焼き付けてこその京都旅であることを、もう一度たしかめていただきたい。

本来の意からすれば、何をおいても参拝すべきは摂社の「疫神社《えきじんじゃ》」。西楼門から入って、正面に鎮座している。

石の鳥居をよく見れば、額束がなく、束に「疫神社」と彫られている。この珍しい鳥居も、〈八坂神社の七不思議〉に数えられている。

駒札を見ると、祭神は蘇民将来命《そみんしょうらい》とある。祇園祭の粽《ちまき》には〈蘇民将来之子孫也〉と書かれている。既著でも何度か書いたが、ここで改めて蘇民将来のことを少しばかり書いておこう。

話は、牛頭天王が嫁《めと》を娶るために旅をすることから始まる。旅の途上、牛頭天王は巨旦《こたん》将来という者の屋敷に宿を請《こ》う。しかし、裕福であるにもかかわらず貪欲《どんよく》な巨旦将来は、その頼みをあっさり断る。牛頭天王は、次に蘇民将来に宿を請う。蘇民将来は巨旦将来の弟で、貧しい暮らしながら、快く応じて歓待する。

その後、牛頭天王は目的である娘を娶り、元来た道を戻る。そして蘇民将来の家に立ち寄って、こう言った。

――私は、これから疫病神となって荒れ狂う。だが、あなたの親切には報いたいから、あなたの子孫にだけは災厄《さいやく》を与えず、無事に暮らせることを約束する。後世になって疫病が流行ることがあれば、蘇民将来の子孫であると名乗り、茅《ちがや》の輪を巻きなさい。そうすれば疫病から逃れることができる――

そして今度は、恨みを抱く巨旦将来の屋敷へと向かい、一族を皆殺しにしてしまう。

この話が広まり、牛頭天王は疫病神として恐れられ、各地で祀られることになる。

〈夏越《なごし》の祓《はら》え〉で行われる茅《ち》の輪くぐりは、この話が元になっていると言われる。祇園祭で授かる粽も然り。

祇園祭の掉尾《ちょうび》を飾るのは、ここ「疫神社」での夏越の祭。老若男女が茅の輪を潜り、蘇民将来の子孫を名乗る。『八坂神社』の祭神であるスサノオノミコトは、牛頭天王と同一と言われるが、定かではない。

「疫神社」から参道に戻り、舞殿《ぶでん》を経て本殿へ進む。ここにおわします祭神さまにお参りし、『八坂神社』を後にする。

民藝運動の拠点『鍵善良房《かぎぜんよしふさ》 本店』

四条通を歩く折り、北側か南側、どちらにするか迷うところだが、歩き始めは南側を選ぶ。大した理由ではないが、歩くうち、ベンガラ色の「一力亭」の塀が見えてくるという仕掛けが気に入ってのこと。

西に向かって歩き、花見小路通の南東角に建つ「一力亭」は横目にして、横断歩道を北に渡るのが正しい。興味を持ったとて、中に入り込む術《すべ》は極めて少ない。祇園という地を象徴する建物として、風景の一部として見ておきたい。

『鍵善良房　本店』

渡ってすぐ、『鍵善良房　本店』（地図E㊴）がある。老舗和菓子店として知られるが、京都に於ける民藝運動の拠点としての一面も持ち合わせていることを知っておきたい。

享保年間（一七一六―三六）の創業というから、三百年近い歴史を持つ店。現在の当主で十五代を数えるが、民藝運動に注力したのは十二代当主。柳宗悦《やなぎむねよし》が提唱し、河井寛次郎《かわいかんじろう》をはじめとして、京都に縁のあった工芸家たちはことあるごとに『鍵善』に集《つど》い、当時は、さながら民藝サロンのようだったと言われる。

店の印象を決定付ける大きな簞笥《たんす》をはじめとして、店の意匠は木工作家、黒田辰秋《くろだたつあき》の手によるもの。今では使われていないが、僕が子供のころには、銘菓「くずきり」

の器も黒田辰秋の作品で、螺鈿《らでん》細工を施した見事なものだった。思えば贅沢な時代だ。余談になるが、僕の祖父は民藝運動に没頭していて、この店の十二代当主や、河井寛次郎、黒田辰秋とも親交を深めていた。『鍵善』に今も残る、当時の寄せ書きには、黒田辰秋の隣に僕の祖父の名が墨書され、後述するミュージアムに展示されている。

平成十年に店は新しくなったが、店のそこかしこに民藝の香りが色濃く残り、他の菓子屋にはない風格を漂わせている。喫茶室で一服するもよし、菓子を土産に求めるもよし。四条通歩きには欠かせない店である。

追加情報をひとつ。少々分かりにくい場所にあるのだが、『鍵善良房』が小さな美術館を開いた。『ZENBI』と名付けられたミュージアムは、民藝派の常設も企画展も一見の価値があり、併設されたショップではここでしか買えないグッズもあり、個性的な土産にするのも一興。大和大路四条の交差点を南に下り、ひと筋目を東に入った辺りで左に折れると見つかるはずだ。

『仲源寺《ちゅうげんじ》』の〈目やみ地蔵〉

四条通に戻って、大和大路通から少し東に入った南側にあるのが『仲源寺』(地図E㊗)だ。

『仲源寺』

京の通り名は幾らかややこしくて、大和大路通という名は、四条通より南の道を言い、四条通より北は縄手《なわて》通と呼ぶのが通例。かつてこの通りは大和街道と言われ、奈良へと通じる道であったことから名が付いた。縄手通というのは、堤を指す縄手という言葉から、鴨川の堤に沿った道の意だったと思われる。ちなみに都人の多くは縄手通と呼ぶ。

それはさておき『仲源寺』は、京都一の繁華街である四条通に面しながら、アーケードに覆われているせいか、それとも土産物屋に目を奪われているからか、多くの旅人が素通りしていく。いかにも勿体無い。

入口の石碑には、大きく〈めやみ地蔵尊〉と刻まれていて、眼病平癒に霊験あらたかと言われている。平安中期の仏師、定朝《じょうちょう》が四条の橋の東北畔にお地蔵さまを祀ったことから始まる。当時、大雨の度に氾濫《はんらん》を繰り返し、暴れ川と呼ばれていた鴨川。降り続く雨を止ませようと、祈禱師たちが祈りを捧げても一向に効果がない。そんなあるとき、中原為兼《ためかね》なる者が、この地蔵菩薩に祈願したところ、たちまちのうちに雨が止み、氾濫は食い止められた。これを聞いた朝廷は、地蔵尊を祀る祠に「仲源寺」という名を与えた。

なぜ〈仲源〉かと言えば、中原が「人」を「水」から救済したことから、「イ」と「氵」を付け加えたという。些か落語のオチにも似た軽い話ではあるが、そう伝わっているのだから、事実なのだろう。

そして地蔵尊は〈雨止み地蔵〉と呼ばれることになるのだが、それがなまって、いつしか〈目やみ地蔵〉になったと言われる。これもまた、こじつけめいているようにも思えるが、祇園と深い繋がりを持ち、地元に根付く寺であることに間違いはない。

その証左とも言えるのが、この『仲源寺』で行われる〈神用水清祓式《しんようすいきよはらえしき》〉。祇園祭の主要行事である〈神輿洗《みこしあらい》〉の際、神輿を洗い清める水を鴨川に汲みに行くのは、ここ『仲源寺』が出発点で、汲み上げた水は、夜までこの寺に置かれる。水との関わりの深さを象徴する神事である。

『レストラン菊水』と『東華菜館』

四条大橋の畔には、京都を代表する洋風建築が斜めに向かい合って建っている。東北に建つのが『レストラン菊水』（地図E㊵）で、西南に建つのが中華料理店の『東

『レストラン菊水』

華菜館』（地図E㊶）。前者は上田工務店、後者はヴォーリズの建築。大正十五年（一九二六）の竣工で、登録有形文化財に指定されている。両者ともモダンな名建築だが、現役のレストランとして活躍しているところが嬉しい。つまり外観は勿論《もちろん》、客として入れば内部も見学できる。どちらも美味しい料理を出す店なので、一挙両得。

京都の建築というと、とかく寺社や数寄屋《すきや》、町家など、日本固有の建築に目を奪われがちだが、洋風建築にも見るべきものは少なくない。明治期から始まった赤レンガもだが、大正から昭和初期辺りのモダン建築も是非目に留めておきたい。

まずは『レストラン菊水』。大正五年（一九一六）の創業の瓦煎餅《かわらせんべい》屋が、意を決して建てたスパニッシュ様式の洋館で、そのモダンな外観にふさわしい西洋料理店を始めたのが、今に続く歴史。当初は〈菊水館〉を名乗っていたようだが、戦後になって今の屋号となった。鴨川越しにこのビルを眺めると、最上階に設けられたパラボラ型の塔屋《とうや》が印象的で、かつ左右非対称にデザインされた不思議な建築であることが分かる。

一階はパーラーを兼ねた気軽なレストランになっていて、二階がレストラン。どちらもオーソドックスな洋食を味わえる。海老フライやハンバーグ、ステーキなど、何を食べても美味しいが、銅鍋で供されるビーフシチューが一番のお奨め。最後まで冷めないのが嬉しい。初夏から秋口にかけては屋上でビアガーデンも開かれ、鴨川の川風に吹かれながら飲むビールは一段とウマい。

『東華菜館』

次なる『東華菜館』は名建築として名高く、ヴォーリズがその長い建築家人生の中で、唯一レストランとして設計建築したのが、この建物なのである。それだけに他のヴォーリズ建築と比べて、遊び心が満載で、それは既に外観に溢れている。玄関先に立ち、建屋を見上げると、タコやタツノオトシゴと思《おぼ》しきレリーフがちりばめられ、心を浮き立たせる。

玄関を潜って、店の中に入ると、建築好きでなくても胸が躍《おど》る。階段、壁の意匠、天井のデザイン、とどこを見ても素晴らしい仕掛けが施してある。とりわけ目を引くのが、日本最古と言われるジャバラ式のエレベーター。大正十三年（一九二四）製のそれが現役で活躍しているというから驚くばかり。百年近くもの間動き続け、安心安全に人を運んできたのである。そして、ただ古いというだけでなく、そのデザインのなんと美しいことか。

オーソドックスな広東料理は、日本人に一番馴染みの深い中国料理だろう。メニューには本格的な料理がずらりと並ぶが、チャーハンや水餃子なんていう、手軽な料理もある。建築を見物がてらのランチタイムも愉しい。

四条大橋という京都でも最も人通りの多い橋を挟んで、レトロモダンな洋風建築が向かい合い、その傍らには「南座《みなみざ》」という伝統芸能の殿堂が建っているというのも、考えてみれば不思議な光景である。

『錦《にしき》天満宮』のふたつの鳥居

かつては京の台所と讃《たた》えられた錦市場も、近年は食べ歩き客が急増し、店先で簡易食堂を設える食材店が並び、さながらアジアの屋台市場の様相を呈《てい》している。立ち寄るべき価値が年々減少していくのはなんとも寂しい限り。そんな錦市場の変貌を、きっと苦々しく思っているに違いないのが〈錦の天神さん〉。正式名称を『錦天満宮』（地図E㋧）という。

錦市場の東の端っこにあって、市場が途切れる寺町通から東を見ると一の鳥居が建っているのだが、見上げると鳥居が途中で切れている。初めてこれを見ると、たいていが驚きの声をあげる。切れているのではなく、鳥居の島木と笠木が両側の家に食い込んでいるのである。それもまた珍しい光景なのではあるが。

『錦天満宮』の神牛

長保五年（一〇〇三）、六条河原院の跡地に天満天神を祀った鎮守社が創建され、それが後に天正《てんしょう》の地割（一五九〇）によって、この地に移転してきたのが『錦天満宮』。本書でも度々《たびたび》登場する、道真公を祀る学問の神さまである。錦市場が近いせいもあって、商売繁盛もご利益に謳っているところが、他の天神さまとの違いか。

金属製の神牛は、参拝客が撫でるせいでピカピカに光っている。それを横目に本殿にお参りを済ませ、左を見ると不思議なものがある。〈獅子舞《しし まい》おみくじ〉なるカラクリマシンで、人が近づくと越天楽《えてんらく》が鳴り始め、獅子舞が踊り出す。お金を入れ、ボタンを押すと獅子舞がおみくじを取りに行き、くわえてくる。他愛もないものだが、愛嬌《あいきょう》があって愉しい。

さらに左奥には末社が並び、そのうちのひとつ「日之出《ひので》稲荷神社」に珍しい鳥居が建っている。朱塗りの小さな鳥居だが、よく見ると額束の部分が山の形になっている。柱と島木の間に座をはめたもので、〈奴禰《ぬね》鳥居〉と呼ばれているそうだ。

繁華街の真ん中にある天満宮。珍しい鳥居をふたつ観るだけでも訪ねる価値はある。

蛸《たこ》薬師と寅《とら》薬師

京都の通り名の中でも、ひときわ異彩を放つ蛸薬師通。その名の由来となったのが『永福寺《えいふくじ》』(地図E㋳)。通称〈蛸薬師さん〉。

『永福寺』の発祥は、比叡山延暦寺の薬師如来を深く信仰していた、ひとりの資産家の夢のお告げにある。この辺りから延暦寺まで、欠かさず月参りを行っていた資産家だが、寄る年波には勝てず、比叡山に通うのが辛くなってきた。あるとき根本中堂《こんぽんちゅうどう》の薬師如来さまに頼んでみたという。

――薬師如来を一体いただけないだろうか――

資産家だから叶えようとしたのかは定かでないが、その夜、薬師如来さまが夢枕に立った。

――以前、最澄《さいちょう》がわたしの姿を彫って、山の中に埋めたはずだから、それを取ってきなさい――

資産家が教えられた場所を掘り返してみると、本当に薬師如来が埋められていた。それを持ち帰って、お堂を建てて本尊としたのが『永福寺』である。薬師が付くのはこれに拠《よ》るが、では蛸はどこから来たかと言えば、当寺の僧侶善光《ぜんこう》の逸話に由来する。

善光の母が病を得、寺に迎えて看病していたが、一向に病は回復しない。母が言う。

「蛸薬師さん」の『永福寺』

――子供のころから好物だった蛸を食べれば病が治るかもしれない――

だが善光は僧侶の身。蛸を買うなどとんでもない、と思いつつ、病弱な母のことを思い、ついには市場に出かけ、蛸を買って帰った。町の人々は僧侶が生魚を買ったことを責め立てた。

困った善光は薬師如来に祈る。

――蛸は母の病を治すために買ったものです。

どうぞお助け下さい――

すると蛸はたちまち、八軸の経巻《けいかん》に変じて、霊光を四方に照らした。この光景を見た人々は皆合掌《がっしょう》し、南無薬師如来と称《とな》えた。すると不思議なことに、この経巻が再び蛸になり、門前にあった池に入って瑠璃光《るりこう》を放ち、善光の母を照らすと、病はたちまち回復したという。

寺には〈なで薬師〉と言われる蛸の木像が置かれ、これを左手で撫でるだけで、すべての病が快癒するというありがたい蛸。もうひとつ〈摩尼車《まにぐるま》〉も置かれていて、この心経《しんぎょう》車を回すと、般若心経《はんにゃしんぎょう》を読んだと同じく、不幸災厄が除かれ諸願成就するという。ご利益の多い寺である。

『永福寺』のすぐ北側にあるのが『西光寺《さいこうじ》』（地図Ｅ㋵）。こちらは通称〈寅薬師〉。蛸の隣に寅。ちょっとおもしろい。人通りの多い新京極通に面し、間口が狭いので、余所見《よそみ》をしていると通り過ぎてしまいそうな小さな寺だが、貴重な薬師如来が安置されている。目印は〈京都十二薬師霊場〉と書かれた、赤い幟《のぼり》。もうひとつ〈巡礼通称寺〉の幟も立っている。

〈西光寺　寅薬師〉と記された山門を潜ると、細い参道が奥に続いている。両側から民家の壁が迫り、参道とは呼びづらいような細道だが、それを抜けると、〈腹帯《はらおび》地蔵尊〉と書かれた赤い提灯が両側に下がる中門が待ち受けている。

と言っても、これもまた、普通の民家の玄関口とさして変わらないような造りではある。どこまでも慎ましやかな寺である。

〈京都十二薬師第十一番霊場〉という札が掛かった本堂は、常時開放されているわけではない。かと言って拝観謝絶ではない。拝観希望者は呼び鈴を押して案内を請うシステムになっている。ここで臆したり、面倒がってはいけない。貴重なお宝を見逃すことになる。

靴を脱いで上がり込む本堂もまた、民家の座敷然としているが、ご本尊の薬師如来さまを間近に拝見して驚いた。この像は、かの弘法大師が自ら彫り上げたものだと伝わっているのだ。弘法大師作の薬師如来像と言えば、地下鉄九条駅近くにある「城興寺《じょうこうじ》」がよく知られているが、他にもあるのだろうか。貴重なものであることだけは間違いない。

宇多《うだ》天皇の命により、誓願寺《せいがんじ》に下賜《かし》されたものが当寺に伝わったという。それがなぜ、寅薬

「寅薬師さん」の『西光寺』

師と呼ばれるかと言えば、空海が一刀三礼して彫り上げ、開眼したのが、寅の日の寅の刻だったからだと言われている。

お参りする傍らで、住持《じゅうじ》の奥方らしき女性が至極ていねいに説明をしてくださるのもありがたい。観光寺院ではない寺を訪れても、遠慮は要らない。案内を請えばたいていは応えてくれる。決まった拝観料はないものの、それなりの志はきちんと納めたい。

〈くさよけさん〉で親しまれる『善長寺《ぜんちょうじ》』

京都を訪れる修学旅行生たちが必ず立ち寄る場所として、新京極通が挙げられる。多くの土産物屋が建ち並び、雨でも傘要らずのアーケード街ということもあって、制服姿の生徒たちが通りの左右に目を走らせ、お目当ての土産を買い求め、楽しげに歩きまわっている。

そんな賑やかな通りに、ひっそりと佇む寺、それが『善長寺』（地図Ｅ㋹）。地図には〈立江《たちえ》地蔵尊〉としか記されておらず、通りに面した間口も狭いことから、つい見過ごされがちだが、徳川家康入洛の際にはここを定宿《じょうやど》としていたという、由緒ある寺である。

寺の創建は十六世紀の初頭。忍想《にんそう》上人という僧侶によって建立されたのは、ここより南西方向、四条烏丸にほど近い場所だったが、秀吉の意向で現在の場所に移されたという。

創建当初に、京都府下の福知山《ふくちやま》市にある『大原神社《おおはらじんじゃ》』を勧請し、鎮守社としたようで、その神社は残し、寺だけが移転してきたというわけだ。それ故山号は〈大原山〉。残された「大原神社」については後述する。

門前の石柱には〈くさよけ立江地蔵大菩薩〉と刻まれている。〈くさよけ〉は瘡《かさ》除けを意味し、すなわち湿疹《しっしん》、もしくは天然痘《てんねんとう》などの疫病に伴う、皮膚病に霊験あらたかということだろう。

両側を民家の土壁に挟まれた狭い参道を進むと、地蔵堂が建っている。ここに祀られている〈立江地蔵尊〉は四国八十八ヶ所霊場の、第十九番札所「立江寺《たつえじ》」の本尊と同じご利益があるとされる。だが、その「立江寺」のお地蔵さまは瘡除けをまったく謳っておらず、福知山の「大原神社」のほうは瘡除けで知られている。両者が合わさって、今の瘡除け信仰が生まれ、〈くさよけさん〉と親しまれるようになったと推察される。ちょっとおもしろい話ではある。

『神明《しんめい》神社』の矢じり

四条烏丸近く、綾小路《あやのこうじ》東洞院《ひがしのとういん》を東に入ってすぐの北側に小さな神社が建っている。これが『神明神社』(305ページ地図F㋷)。全国にあるそれと同じく天照大御神《アマテラスオオミカミ》を祭神とする、お伊勢さん系の神社。

古く平安末期には〈四条内裏《だいり》〉と呼ばれた、格式ある土地柄で、藤原忠通《ただみち》の屋敷にあった鎮守の社が当社の発祥とされている。小さな社だが、よく知られる逸話に関わる宝物が、長く伝わっていることで有名な神社だ。

近衛《このえ》天皇のころ、鵺《ぬえ》という怪鳥が夜ごと空に現れ、都を騒がせていた。退治を命じられた源 頼政《みなもとのよりまさ》は、この『神明神社』で祈願をした後、征伐に乗り出し、見事に目的を果たした。頼政は当社にお礼参りをし、そのとき使った弓矢の矢じりを二本奉納し、それは今も宝物として納められている。

拝殿に立ち入ることはできないが、外からよく見ると、鵺退治の様子を描いた額絵や、額に納められた矢じりのレプリカが飾られている。本物の矢じりは今も、九月の第二土曜と翌日曜日の二日間行われる、当社の祭礼の際にだけ飾られる。かつては子供神輿が出るなど、大いに賑わったが、時代と共に縮小を余儀なくされ、それ故厳かな祭りとなっている。

以前は、同じ町内の豊園《ほうえん》小学校に祀られていた『文子《あやこ》天満宮』も、戦後になって当社に合祀《ごうし》され、天照大御神と共に祭神とされている。この『文子天満宮』については次章で詳述する。

山法師《やまぼうし》の捨てた神輿を祀る『日吉神社』

『神明神社』を出て西へ。烏丸通を渡って南へ下り、仏光寺通を西に入ると、一筋目の角を下った辺りに『日吉神社』（地図F㋸）がある。

『日吉神社』と言えば比叡山を越して、近江坂本の地に建つ「日吉大社」を思い浮かべるが、この神社は、まさにその「日吉大社」から生まれた。

時の権力者、白河上皇をもってしても、思いのままにならないものを三つ挙げ、〈天下三不如意《ふにょい》〉と呼んだ。一つは賀茂の水、二つに双六《すごろく》の賽、そして三つ目が山法師。

僧のような兵のような、両方を兼ね備えた僧兵は、朝廷や貴族に対して大きな不満を持っていて、「日吉大社」の神輿を担いで御所に参内し、不満をぶちまけた。これをして強訴《ごうそ》と呼ぶのだが、白河上皇が言う山法師とは、その強訴を指すと言われている。

僧兵たちは、強訴の目的を果たすと、当時は森さながらの荒地だったこの場所に、用の済んだ神輿を捨てていったという。神輿だけを祀るのもいかがなものかと、後世になって「日吉大社」から三柱を勧請し、社殿を建てたのが、この『日吉神社』の始まりである。

この辺りの町名が山王町となっているのも、「日吉大社」の別名である〈山王宮〉から。拝殿の横には〈山王宮〉と書かれた大きな額が飾られている。周囲は鉾町《ほこまち》に囲まれていて、祇園さん一色の界隈だが、ここだけは近江坂本、天台座主の管轄下にあったという。それもしかし、明治維新までのことなのだが。

『繁昌《はんじょう》神社』

『日吉神社』を出て室町通を南に下る。高辻通を西に進むと、中学校の向かいに神社が姿を現す。『繁昌神社』（地図F㊈）という、なんとも縁起の良い社名である。清和《せいわ》天皇の時代、藤原繁成《しげなり》なる貴族の邸宅に、功徳《くどく》池という大きな池があり、その中の島に三人の女神を勧請し、祠を建てて祀ったのが当社の始まりとされている。女神の中には弁財天も含まれていたため、「財」の字から財運に結び付き、『繁昌神社』となったという。

納得のいくようで、いかない話であって、そもそも弁財天を祀る神社は山ほどある中で、なぜここだけが〈繁昌〉を名乗れるのか。〈繁昌〉という言葉はどこから来たのか、と調べてみて、思わぬ遺構と伝説に出会ってしまった。

『繁昌神社』の前に立つ駒札を見ると、元は〈班女《はんじょ》の社〉とも〈半女の社〉とも称していた、とある。なんだ、当て字だったのか、と一度は落胆したが、では、その〈班女〉もしくは〈半女〉とはどういうものか、と興味が湧いてきた。〈班女塚〉が近くにあると記されているので、それを探してみた。

『繁昌神社』

　駒札には、社の北西方向にある、と記されていたが、道標も何もなく、それらしきものは見当たらない。界隈は、京都でも有数のビジネス街であり、かつ和装業界の本拠地でもあるので、ビルが密集している。塚などというものが残されているようには、まったく見えない。何度も道を行き来してようやく見つけたのは、行き止まりかと思われた細い路地の奥。この塚は、どうやら人に見つけられたくないようだ。
妖《あや》しさを湛えた、岩のような石の周囲にはしめ縄が巻かれ、まるで蛇のように木の幹が石に絡み合っている。傍《そば》には祠も建ち、〈住吉姫松〉と刻まれた石碑も納められている。周囲はどこにでもある、普通の住宅街。流行りの言葉で言うならパワースポットだが、そんな軽いものではなく、妖気が色濃く立ち込め、真冬に訪れても首筋に汗が滴《したた》るほどの怪異な場所である。それもそのはず、『宇治拾遺物《うじしゅういもの》語《がたり》』にも登場する怪異譚《たん》の生まれた場所だったのだ。

「班女塚」

ふたり姉妹がいて、姉は結婚をし、独身だった妹が病を得て亡くなったことから、話は始まる。親族が集まり、亡骸を棺に納め、荷台に載せて鳥辺野へと運ぶ。そして棺を下ろそうとすると、いかにも軽い。棺の蓋《ふた》を開けると中はもぬけの殻。さては途中で落としてしまったかと探すうち、何のことはない。元の住処《すみか》に残っていた。また同じことを繰り返しても結果は同じ。どうやら住処に未練があるらしい、と周囲が気付き、それならば、と遺体をその場所に埋め、塚を作って菩提《ぼだい》を弔った。それがこの〈班女塚〉。『宇治拾遺物語』には、ざっとこんな話が載せられている。

ところで、班女というのは、どういう意味だろうか。名前ではなさそうだし、世阿《ぜあ》弥《み》が書いた『班女』とも繋がりはなさそうだ。

それはさておき、この〈班女塚〉。京都を意のままに作り替えてきた秀吉には、よほど目障《めざわ》りだったとみえて、幾度となく移転を試みるのだが、その度に災厄に見まわれ、よほど強い念があるに違いないと言って、ついには諦めてしまう。あの強引な秀吉の腕力をもってすら敵《かな》わなかったという、この〈班女塚〉。驚くべき力を秘めているに違いない。

道真公の梅の木――『菅大臣神社《かんだいじんじんじゃ》』

はたして菅原道真公ゆかりの神社は、京都に何社くらいあるのだろうか。そう思わせるほど、天満宮と名の付く社は多い。天満の名こそ冠《かん》していないが、ここもまた道真公ゆかりの社。

『繁昌神社』から西へ。新町通を北に上り、仏光寺通を西に歩く。しばらくすると、両側に〈菅家邸跡〉の石碑が見えてくる。通りを挟んで、両側に神社が建っているよ

ひっそり佇む『北菅大臣神社』

うだ。どちらが本物か。どちらも正しく『菅大臣神社』（地図F㋺）である。つまりは辺り一帯が菅原道真公の邸宅だったということ。仏光寺通を中心にして、南北に二町、東西に一町というから、実に広大な敷地だった。それを示すかのように、この辺りは菅大臣町という町の名が付けられている。

醍醐朝では右大臣《うだいじん》にまで上り詰め、出世街道まっしぐらだった往時を彷彿させるが、一気に奈落《ならく》の底へと落とされたのだから、さぞや無念だったに違いない。

道真公が薨去《こうきょ》した後すぐに創建されたが、度重なる戦火によって周囲は荒廃し、鎌倉時代に入ってから、南北の両社に分かれたという。

まずは〈紅梅殿《こうばいどの》社〉と呼ばれる、北側の『北菅大臣神社』へ。

両側に民家が建ち並び、その間をまっすぐに進む。参道はおろか、境内と呼べるようなものもない。突き当たりに石の鳥居が、両脇に石灯籠、その奥に小さな祠が建つだけという、実に寂しい社である。それ故寂寞感《せきばくかん》はひとしおであって、鳥居の額束に書かれた〈紅梅殿〉の文字が煤《すす》け、縦に割れ目すら入っている。

南側の『菅大臣神社』はそれに比べれば、はるかに立派な神社で、駐車場を兼ねてはいるものの、石畳の参道が南に伸び、境内もそれなりの広さを保っている。天神さんお約束の牛も、立派な石像で二体鎮座し、鼻先に賽銭《さいせん》が置かれているのもどことなく愛らしい。

この社で観るべきもの、その第一が〈飛梅《とびうめ》の木〉。

——東風《こち》吹かば　匂ひをこせよ梅の花　主なしとて春を忘るな——

住み慣れたこの地から、遠く太宰府へと旅立つときに、道真公が詠んだ歌はあまりにも有名だが、その木が、まさしくここにある。誰もが深い感慨を抱く情景は、春になると一層際立ち、社名とは異なり、紅梅が鳥居や石灯籠を桃色に染める。

度重なる戦火で焼失した本殿、現在は「下《しも》鴨《がも》神社」（京都市内広域図）から明治二年（一八六九）に移築したもの。三間社流造《さんげんしゃながれづくり》の優美な姿を今に残している。

立派な構えの『菅大臣神社』本殿

本殿からさらに奥へ進むと、道真公が産湯を使ったとされる井戸がある。梅の紋が描かれた蓋があり、井戸の中をうかがい知ることは控えるが、きっと清らかな水が湧き出ていたに違いない。と、しかし、ここで大きな疑問が湧く。第四の道で紹介した、烏丸の天神さんにも、道真公が産湯を使った井戸があった。はて、どちらが本物なのだろうか。余計な詮索《せんさく》は無用としておこう。

道真公は失意のうちに、ここに戻ることなく太宰府で生涯を終える。後を追った梅は彼の地で花を開かせ、芳《かぐわ》しい香りを漂わせているのだろうか。そんな思いにかられる神社である。

『大原神社』

安産の神さま『大原神社』

菅大臣町を離れ、新町通を北に上り四条通を目指す途中、綾小路通と交わる角の東に社が見える。これが『大原神社』（地図F㋻）。『大原神社』といえば、京都府下福知山市に同名の神社があり、古い産屋《うぶや》が今も残る安産祈願の社として名高い。

聞けばやはり、ここは福知山にある「大原神社」の出張所のような形で始まったといい、遠く福知山まで足を運べない妊婦のために、ここで安産のお守りを授与していたのだそうだ。ちなみに福知山の本家のほうは〈おおばらじんじゃ〉と濁るが、こちらの分家は〈おおはらじんじゃ〉と濁らないようだ。福知山の大原は古くから〈産屋〉なる茅葺《かやぶ》きの小屋で知られる里。小屋に籠もって出産するという風習は近年まで続いていたといい、それ故「大原神社」は、安産の神さまとして広く信仰を集めている。

ところで、この辺りの町名は善長寺町となっているが、『善長寺』は今ここになく、先に書いたように新京極の中にある。その山号が〈大原山〉となっていることからも、この『大原神社』との繋がりは明白。秀吉によって移転させられただろうことは間違いない。〈班女塚〉は無理だったが、絶大な権力をもってすれば、寺は簡単に移転させることができたという証。

今は綾傘鉾の会所《かいしょ》となっていて、祇園さんのころには多くの参拝客で賑わう。ビルに挟まれて建つ小さな社だが、福知山から上り来て、新京極とも繋がり、祇園さんとも結びつく。不思議な縁をあちこちに持つ神社である。

『椰《なぎ》神社』『隼《はやぶさ》神社』

四条通に面して建つ『椰神社』（地図G㋠）は、特に目立った参拝客の姿も見当たらず、いつも閑散としている。だが、ここが京都三大祭のひとつである祇園祭の起源だと言えば、きっと誰もが驚くに違いない。社名の由来は、この近辺に多く植わっていた椰の木に拠るものと思われる。

椰の木と言えば、熊野のご神木であり、その葉っぱは金剛童子《こんごうどうじ》の化身と言われ、熊野詣《もうで》の際は、帰路の安全を願って、椰の葉を護符《ごふ》として袖や笠などに付ける習わしがある。また、武士たちが戦の際、兜や鎧に付けて無事を願ったとも言われ、いずれにせよ、椰の葉が広く災厄避けのお守りとされてきたことは間違いない。その椰である。

椰の葉は横には簡単に切れるが、縦に割《さ》くことが難しく、それ故、縁が切れないようにとの願いを込めて、鏡の裏に椰の葉を入れる習慣があったと言われる。葉の表裏が見分けにくいことから、裏表のない夫婦生活が送れるなどともされていたようだ。さらに、椰は凪《なぎ》にも通じることから、航海の無事を願ったり、家庭に波風が立たないように円満を願ったりもした。

そんな椰に由来する『椰神社』。貞観十一年というから西暦八六九年のこと。都に疫病が流行したとき、牛頭天王、つまりは素戔嗚尊の神霊を、播磨国から勧請して鎮疫祭を行ったという。「神泉苑」で行われた御霊会がそれである。六十六本もの鉾を立て、祇園社まで行列したと言われる。そのときに使った神輿を、この辺りの梛の林中に置いて帰ったのだそうで、そのまま放置するわけにいかず、これを祀ったことがこの神社の始まりだと伝わる。

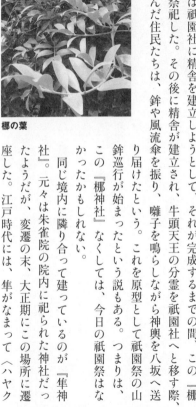

藤原基経《もとつね》は祇園社に精舎を建立しようとして、それが完成するまでの間、この『梛神社』に仮祭祀した。その後に精舎が建立され、牛頭天王の分霊を祇園社へと移す際、これを惜しんだ住民たちは、鉾や風流傘を振り、囃子を鳴らしながら神輿を八坂へ送り届けたという。これを原型として祇園祭の山鉾巡行が始まったという説もある。つまりは、この『梛神社』なくしては、今日の祇園祭はなかったかもしれない。

梛の葉

同じ境内に隣り合って建っているのが『隼神社』。元々は朱雀院の院内に祀られた神社だったようだが、変遷の末、大正期にこの場所に遷座した。江戸時代には、隼がなまって〈ハヤク

『梛神社』（左）と『隼神社』（右）

サ〉となり、瘡の平癒を願って信仰を集めたと言われる。皮膚病の一種である瘡だが、『善長寺』の項でも書いたように、疫病による皮膚疾患も多くあったと思われる。それにしても勇猛な隼と瘡では、ずいぶんとイメージが異なるのだが。

この『梛神社』から少しばかり南に下ると、新選組で知られる「壬生寺《みぶでら》」があるのだが、それはまた機会を改めるとして、四条通をさらに西へと歩く。

「賽の河原」の『高山寺』

四条通は、まだまだ西へ続き、その端には「松《まつの》尾《お》大社」が建っているのだが、さすがにそこまで歩くのはキツい。これより先は機会を改めるとして、いちおう西大路通で道歩きを閉じたい。京都の地名、通例に倣《なら》うなら西大路四条となるところだが、駅もバス停も西院と呼んでいる。表記は同じ西院だが、阪急電車は〈さいいん〉と読み、京福電車は〈さい〉と読む。

なぜ、通例によらず、ここを特別な名で呼ぶのか。それには幾つかの説があるが、直接的には、この地に邸を構え、西院帝とも称されるようになった、淳和《じゅんな》天皇に敬意を払ってのこと。御所の西の離宮というような意で、西院と呼ばれたという。

しかしこれとは別に、西院という名は、近くを流れる佐井川《さいかわ》の名を取ったという説が有力である。今は紙屋川《かみやがわ》に名を変えたとも言われ、佐井通はあっても佐井川は見当たらない。

『高山寺』

佐井が西院に転じた。なるほどと思いながらも、佐井という川の名が引っ掛かる。ひょっとして、佐井は「賽」から来ているのではないだろうか。「賽の河原」の賽。

賽の河原としてその名を知られる青森県の恐山《おそれざん》。その地は佐井村と呼ばれ、その由来は、ここ西院と同じく、近くを流れる佐井川から名付けられたという。ピタリと符合するではないか。この辺り、かつては都の西の外れ。本州の北の外れにある下北半島と同じく、荒涼とした河原だったに違いない。そこを賽の河原に見立てたとしても不思議ではない。

それを証《あか》すかのような寺が西院の東北角近くに建っている。『高山寺』(地図Gⓜ)と言い、鳥獣戯画で知られる、栂尾《とがのお》の寺と同じ呼び名である(京都市内広域図)。山門前の大きな石柱には寺の名と共に、〈西院之河原　旧跡〉と刻まれている。左側には小さい石碑が建ち、そこには〈淳和院跡〉と記されている。山門を潜らずとも見えるほどの大きなお地蔵さまは、江戸時代に作られたものと伝わり、左手に宝珠《ほうじゆ》を載せている。そしてその周り、境内のそこかしこに安置されている石像は、御土居《おどい》から出土したもので、室町期から江戸期までの作と伝わっている。本尊の地蔵菩薩は子授け地蔵の異名もあり、平安時代の僧、恵心僧都《えしんそうず》源信《げんしん》の作だそうだ。

いずれにせよ、賽の河原に見立てた地は、日本各所にあっただろうと思う。不幸にして先立った子供を思いやる親の心が、ちゃんとお地蔵さまに伝わり、彼岸にいる子供の胸にまで届くことを祈るばかり。

――これはこの世の事ならず、死出の山路の裾野なる、賽の河原の物語、聞くにつけても哀れなり――

こんな言葉で始まる地蔵和讃《わさん》は、かの空也《くうや》上人が唱えたというもの。

――残る我が身も今しばし　命の終るその時は　同じはちすのうてなにて　導き給え地蔵尊　両手を合して願うなり――

と最後を締めくくり、念仏を唱える。時代は変われど、子を思う親の気持ちに変わりはない。そう思いたいが、昨今の子供虐待などを見るにつけ、残念なことだが時代は様変わりした、というのが正しいのかもしれない。

『八坂神社』から始まった四条通歩きの果てが、賽の河原というのも、なんとはなしに後味が悪い。西院を越えて、少しばかり歩くとしよう。

西院『春日神社』

西院の交差点を西へ少し、北側の歩道を歩く。ターミナル独特の賑わいが途切れる辺りに、家電量販店があり、その角を北に上ると『春日神社』（地図G㋪）がある。賽の河原の『高山寺』と同じく、この辺りもまた淳和院の敷地だったようで、家電量販店の壁面に〈淳和院跡〉の説明板が貼り付けられている。四条通から『春日神社』へと続く道。ここがその、佐井通である。

地名もまた西院春日町とある。朱の玉垣に囲まれ、神社らしい佇まいで、立派な狛犬が出迎えてくれる石の鳥居を潜って参道を進むと、二の鳥居が建っている。それを抜けると伸びやかな境内が広がっている。立派な舞殿まであり、この境内を鹿が闊歩《かっぽ》していてもおかしくないような、そんな不思議な空気を醸し出している。『春日神社』

『春日神社』の舞殿

という名が付いているせいか、他の京都の神社とは、どことはなしに風情が異なる。

創建は八三三年。淳和天皇が仁明《にんみょう》天皇に位を譲り、この地の淳和院に移り住んだとき、奈良の春日四座大神を勧請し、守護神としたことに始まる。

当社のご利益は、病気平癒と災難厄除というふたつの王道で、それぞれに由緒がある。淳和院の内親《ないしん》王《のう》が疱瘡《ほうそう》に罹《かか》った際、神前の霊石に疱瘡ができ、内親王の身代わりになったという。それ以来、皇室の守り神と崇められ、病気平癒の霊験あらたかとされている。この霊石は〈疱瘡石〉とも呼ばれ、近年発見された。日は限られているが一般に公開し、病に悩む人々が石を撫でて快癒を祈願している。

八七四年、淳和院火災の際、内親王は火難を避けるため避難した。その後、洞裏院《とうりいん》に無事還御《かんぎょ》した内親王は——無事還《かえ》り来るは是れ神の加護である——と当社の霊力を讃え、以後は無事に還り来ることができるという意で、〈還来《げんらい》信仰〉が盛んになった。

境内に建つ「還来《もどろき》神社」には旅の安全を願い、祈りを捧げる人の姿が絶えず、神前に鎮座する〈梛石〉を撫でると、より一層ご利益があると言われる。ここでもまた、梛が登場する。

石だけではなく、境内には梛の木が植わっていて、この葉を撫でて祈りを捧げる参拝客も時折り見掛ける。『梛神社』の社名の由来ともなったあの梛の木が、ここにあ

病気平癒にご利益のある「疱瘡石」

「梛石」

る。やはり辺り一帯には多く植わっていたのだろう。『椰神社』とここ『春日神社』の両方を訪ねてみて、初めて実感できること。足を延ばしてよかった。

ちなみに、今でも天皇皇后両陛下が外遊される際には、当社のお守りが届けられるそうだから、そのご利益は立証済みということになる。

拝殿から本殿に向かってお祈りすると、狛犬ならぬ、巻物をくわえた鹿の像が両側に見える。春日さんと言えば鹿。京都でもそれは同じだとみえて、石灯籠にも鹿の絵が刻まれている。祭神である武甕槌命《タケミカヅチノミコト》が、白鹿に乗ってきたとされることから、鹿を神の使いとする。正しくその由緒がここ京都でも伝わっている。

第五の道の美味しい店

『いづ重《じゅう》』

八坂神社の石段下のすぐ近く、四条通に面した分かりやすい場所に建つ寿司屋。令和五年になって、装いも新たになった。

江戸前寿司ではなく、古くから京都に伝わる関西風の寿司は豊富な品揃えで、持ち帰るもよし、店で食べるもよし。『いづ重』（地図E㊷）は老舗ながら、雰囲気も気安く、価格も値ごろで使い勝手のいい店である。

店の名が示すように、鯖寿司の名店として知られる「いづう」の暖簾分け。したがって、鯖寿司をはじめとする関西寿司を得意としている。夏には鱧《はも》寿司、冬になれば蒸し寿司と、京都ならではの寿司が品書きに上る。

『いづ重』の箱寿司

通年メニューでいえば、僕のお奨めは箱寿司と稲荷寿司。どちらも幾らか甘めのシャリがいかにも京都らしい味わい。箱寿司は整然と市松《いちまつ》模様に並ぶ様も美しく、稲荷寿司は具の中の〈麻《お》の実〉が独特の食感を生み出している。昔の稲荷寿司にはたいてい入っていた〈麻の実〉だが、近ごろの稲荷寿司では見かけることが少なく、プチッと弾ける歯応えがアクセントになって、この店にしかない味わい。

持ち帰りを買っておいて、帰りの新幹線で食べるというのもいい。江戸前寿司とはまた違って、時間が経っても味が落ちることはなく、むしろ熟成されて旨みが増すような気もする。ほっこり和めるのが、京都の寿司である。

『NOEN（ノウエン）』

四条花見小路の西南角。一力亭の向かいにある喫茶『NOEN（ノウエン）』（地図E㊸）は、はて、いつからあっただろうか、と記憶の糸を長く辿らないと浮かんでこないほど、昔からずっとこの場所に建っている。

聞けば昭和のはじめごろ、西洋料理のレストランとして開業したのだそうだ。今ではコーヒーの美味しい店として、知るひとぞ知る『NOEN』だが、トーストサンドの人気も高い。

『NOEN』

朝は九時ごろには店が開き、ご近所のおなじみさんが新聞を片手にモーニングを食べ、昼下がりともなれば、観光客がお茶の時間を愉しんでいる。そんな普通の喫茶店だが、軽くランチを、というときにも格好の店。昼どきは意外に空いているのだ。界隈の店は多くがランチタイムは混雑し、時には行列の後ろに並ばないと昼食にありつけないこともある。そんなときは是非この店に。

お奨めはホットタマゴサンドで、サラダとコーヒーが付く。いったいどれくらいの玉子を使っているのだろう、と思うほどにギッシリとオムレツ風の玉子焼きがパンに挟まれ、胡瓜《きゅうり》の爽《さわ》やかな風味と相まって、食べ応えがありながら後口が軽やか。祇園の真ん中にありながら、気楽につまめる感じもありがたく、ほっこりと和めるランチタイムになる。

近ごろの京都はなんでもブームになり、それを煽《あお》るテレビのバラエティ番組のせいもあって、ちょっと人気が出ると客が押し寄せ長い列ができてしまったりする。長く地味にその店を愛してきた客にとっては、迷惑以外の何ものでもないのだが、さいわいなことにこの店はまだそんな目に遭っていない。ピークさえ外せばさほど待たずに入れる貴重な店だ。

『祇《ぎ》をん松乃《まつの》』

四条大和大路を西へ。「南座」の手前にあるのが鰻料理の『祇をん松乃』(地図E㊹)。店の前には既に、鰻を焼く香ばしい匂いが漂っている。

京都の多くの鰻屋と同じく、背開きにして、蒸しが入る関東風の鰻。暖簾を潜って

『祇をん松乃』の「せいろむし」

店に入ると、さらに匂いは広がり、空腹感を募らせる。鰻屋は時間待ち必須ゆえ、素早く注文を済ませるのが肝心要。

一番のお奨めは「せいろむし」。熱々ふわふわの鰻重は通年味わえるが、なんと言っても冬場がベスト。このメニューのために特注されたという器は、中は白木、外は漆《うるし》の重箱と二重構造になっていて、タレの染みたご飯を下に敷き、その上に蒲焼きとスクランブルエッグ風の玉子が載る。蒸籠《せいろ》で蒸されたそれを匙《さじ》で掬《すく》いながら食べる。火傷しそうなほどに熱々に仕上げられた鰻は、二度の蒸し工程を経るせいで、舌に載せるだけで、蕩《とろ》けてしまいそう。ほどよい甘辛味の染みたご飯もまた柔らかく、胃に負担をかけないが、食べ終えると、鰻を食べたという充足感が満ち溢れる。

昨今の鰻価格の高騰で、他の鰻屋と同じく、決して安い値段ではないが、確実に美味しいものを食べられる。その安定感も大切である。

『二葉《ふたば》』

ネット社会になってなにが困るかと言えば、お店への一極集中である。もとはテレビ番組だったりするのだが、これまで地味な商いをしていたお店にスポットライトが当たると、どっと客が押し寄せることになる。そしてそれは国内だけにとどまらず、あっという間に世界中に拡散され、外国人観光客もが大挙してやってくることに繋がる。

『二葉』

静かだったころと店はなにも変わっていない。変わったのは客のほうなのだ。のんびりと商ってきた店もそれに対応しないといけなくなる。とりわけ言葉の通じない客への対応はたいへんだ。公共の施設並みに英語、中国語、韓国語のメニューを作らねばならなくなる。

そうなると自然と店の空気が変わり、なによりいつも混み合っていて、店に入れなくなる。そんな憂き目に遭った店は数え切れない。

前置きが長くなったが、宮川町通にある『二葉』

（地図E㊺）は昔ながらの情緒を漂わせつつ、気軽に美味しい蕎麦やうどんが食べられる店だということ。

さほど広くない店だが、壁のそこかしこに舞妓《まいこ》団扇が飾られ、花街から愛される店だと分かる。玉子とじうどんだとか、にしんそばなど、出汁の利いた麺類はどれもほっこりと美味しい。

『永正亭』

『永正亭《えいしょうてい》』

京都らしい麺類の美味しいお店をもう一軒。

寺町四条を下ったところにある、小さな蕎麦屋『永正亭』（地図E㊻）。古くからある店だが、老舗特有の気取りはなく、いたって気軽な蕎麦屋だ。

間口は狭く、目印は赤い暖簾。店に入るとテーブルが並び、満席にならない程度にいつも混み合っている。二階にも席があるようだが、僕は一階しか知らない。

京都市内でも最も賑わう繁華街にありながら、こなれた価格が嬉しい。いわゆるワンコインでも食べられるのは、この界隈で貴重な存在だ。豊富なメニューの中で千円を超えるものは見当たらない。出汁の味もしっかり利いて、麺も京都ならではの程よい柔らかさ。観光客が押し寄せる有名店では、うどん一杯に平気で千円を超える値段を付けるが、ではこの店の二倍の価値があるかと言えば、まったくそうは思えない。

うどんなら、「たぬき」や「けいらん」などの餡かけ系がお奨め。冬場はもちろん、夏場は冷房で冷えた身体を温めてくれ、とろみが絡まるうどんでお腹も膨《ふく》れる。

丼なら「天とじの別れ」をお奨めしたい。他店ではあまり見掛けないメニューだが、要するに海老天を玉子でとじた具が別の鉢に盛られ、これをおかずにして白いご飯を食べるというもの。粉山椒《こなざんしょう》をたっぷり振って、ご飯に載せると実に美味しい。僕はこれに「かけうどん」を追加して、うどんの具にしたりもする。

京都には美味しいうどん屋さんが山ほどある。貴重な時間を費やして、長い行列に並ぶのはいかにも勿体無い。この店に来れば、きっと目から鱗《うろこ》が落ちるに違いない。


『カフェヨロズ』

新町綾小路近くにある『カフェヨロズ』（地図F㊼）は、一見したところ、ありきたりな喫茶店にしか見えないが、オムライス好きに密《ひそ》かに人気を呼んでいる。さほど

『カフェヨロズ』の「ケチャップ・オムライス」

広い店ではないが、右手にカウンター、左手にテーブル席が並び、特等席は一番奥のテーブル。ゆったりと広いテーブルと座り心地のいい椅子で、落ち着いて食事ができる。
名物のオムライスは季節限定バージョンを含めると、なんと二十五種類もあり、どれを食べるか迷うくらいだ。ベースとなるライスは、ピラフ味、ケチャップ味、カレー味と三種類に分かれ、それぞれ具やソースを組み合わせることによって、バリエーションが増える仕組みになっている。
僕はたいていオーソドックスな「ケチャップ・オムライス」。サラダとスープが付いて七百五十円というのは、この界隈では破格とも思える安さ。炒めた玉ねぎがたっぷり入り、具も豊富で味付けもあっさりしている。
カレーライス、ハヤシライス、ドリアといったご飯物もあり、イタリアン、ミートソースなど昔ながらのスパゲッティも十種類ほどメニューに並ぶ。覚えておくと必ず重宝する店。目印はスカイブルーの暖簾だ。

『京《きょう》一《いち》本店』

四条大宮界隈は、ターミナルにふさわしく、飲食店がひしめいている。だが、いざランチを、となると、存外店が見当たらない。居酒屋や飲み屋が多いせいかもしれないが、チェーン店以外に昼向きの店は少ないようだ。

大宮通の西側を北に上ってすぐ、表のガラスケースに、ぎっしりとサンプルメニューが並ぶ、食堂然とした店がある。『京一本店』（地図G㊽）と看板にあるので、どこかに支店があるのだろう。サンプルからは、昔のデパートの大食堂を思い出す。ラーメンやうどん、丼、カレーライスといった料理以外に、フルーツパフェ系の甘党メニューもあったりする。

『京一本店』

何を食べてもハズレはないが、僕のお奨めは中華そば、もしくはカレー中華。前者の場合はライス付きを強く奨める。ラーメン専門店のラーメンとは、まったく異なる味で、どちらかと言えば、うどん出汁に幾らか動物性の味が加わった程度といった感じの、至極軽いスープで、麺も柔らかめ、あっさりとした中華そば。これもまた京都らしい味わいと言える。

カレー中華は、なみなみとカレースープがはられ、こちらは幾分濃厚な味わいである。辛さは控えめだが味が濃いので、必ずご飯が欲しくなる。加えて麺を食べ終えたあとのスープはまだたっぷり残っている。となれば話は簡単。スープカレーに変身だ。

メニューブックだけでなく、壁にも品書きが貼られ、それを見回すのも愉しい。甘党メニューはぜんざいから、みつまめ、ソフトクリーム、小倉パフェ、宇治金時氷まで、ずらりと揃っている。これだけを目当てに訪れてもいい。


『ヤオイソ四条大宮店』


普段は滅多に食べないが、一度食べたらヤミツキになるものがある。その典型がフルーツサンド。女性はともかく、男はそういうものが端《はな》から眼中にない。さて、今日の昼は何を食べようかと思って、フルーツサンドが頭に浮かぶ男性などまずいないだろうと思う。まぁ、近ごろの草食系男子なる生き物なら、そういうこともあるやもしれぬが。

きっかけは些細《ささい》なことで、馴染みのパン屋でカツサンドを買ったあと、ふと目に入ったフルーツサンドなるものが手招きしたのである。デザートの代わりにひとつ買っていくか。そうして食べてみると、これが存外ウマい。

次もまた買おうと思いながら、なかなかそうした機会は訪れない。そんな状況でこの『ヤオイソ』の前を通り掛かったら、素通りなどできようはずがない。何しろ、名にし負うフルーツサンドの銘店なのだから。

四条黒門の東南角に建つ『ヤオイソ四条大宮店』（地図G㊾）。人気店ゆえ時には行列もできるが、テイクアウトもあるので、並ぶのが苦手な向きには買い求めて、近くの公園で食べるのを奨める。

普通のフルーツサンドの他に、スペシャルサンド、デラックスサンドなるメニューがある。言わば、並、中、上、といった感じ。当然ながら値も張るが、やはりそれだけのことはある。たまにしか食べないのだから、デラックスを張り込みたい。溢れんばかりのフルーツに圧倒され、サンドというより、もはやフルーツそのもの。しかしパンとの相性がこんなにいいのか、と不思議に思う。たまにはこんなランチも悪くない。

『洋食彩酒 アンプリュス』

京都の西の主要ターミナルである四条大宮からほど近い場所にある洋食屋『洋食彩

酒アンプリュス』（地図G㊿）は、四条通に面して建っていて、すぐ西隣は『元祇園梛神社』。その名が表す通り、祇園『八坂神社』の元となった由緒正しき神社で、その由緒は先述した通り。

京都の老舗レストラン『萬養軒《まんようけん》』の流れを汲むお店ゆえ、その料理やサービスについては折り紙付き。至極真っ当な洋食を提供するが、堅苦しさはなく、軽やかな空気の中で食事を愉しめる貴重な店だ。

京都洋食とも呼ぶべき、花街発祥とも言われる京都ならではの、はんなりした洋食とは一線を画し、フレンチを母体としたクラシックな洋食を色濃く映しだす料理。

ランチもディナーも、アラカルトとコースを選べるのも嬉しく、エスカルゴを二個から追加できるのもありがたい。フレンチ寄りの洋食には、是非ともソムリエ厳選のワインを合わせたい。

『割烹しなとみ』

近年になって御所、つまり京都御苑の周りに新しい飲食店が増えてきた。中でも御所東や御所南と呼ばれる界隈は、なにかと注目を浴びるエリアとなっている。

御所の南東端と言ってもいい場所に建つのが『割烹しなとみ』（地図C51）。寺町丸太町の交差点を北へ上ってひと筋目を東に入ったところにある町家は、瀟洒《しょうしゃ》な造りで、店の中もカウンター席が七席ほどと、奥に二、三人用の小さな半個室があるだけ。

ここも先述した『わか杁』とおなじく、アラカルトとおまかせコースの二本立てで、営業は夜だけだ。

こういうお店の基本として、夫婦で店を切り盛りするのだがここもその例にたがわない。おまかせコースを大の苦手としているので、当然のようにこの店ではアラカルト。スパークリングワイン片手に、お品書きを眺めるのは至福のひとときだ。

季節の移ろいが色濃く品書きに表われている店が好きで、ここなどはその典型だ。

旬の味わいを盛る器もまたこの店の真骨頂。これ見よがしではなく、品のいい器をさりげなく使うセンスがきらりと光る。

ひとり、もしくはふたりで訪れ、季節の味に舌鼓を打ちたい店だ。

『西角《さいかく》』

先の例に倣うなら、御所北と呼ぶことになるのだろうか。

豆餅目当ての行列が絶えない『出町ふたば』で知られる桝形《ますがた》商店街近くに暖簾をあげる『西角』（地図C㊾）は古くからこの場所にあって、地元客と観光客の両方から長く愛されている日本料理店である。

アーケードのある桝形商店街を河原町通から入って、ひと筋目を南へ下ってすぐ。うっかりすると通り過ぎてしまいそうな控えめな佇まいだが、路地の奥へと誘うようなアプローチは京情緒を色濃く漂わせる。

ここもまた夜はアラカルトとおまかせコースの二本立て。好きなものを好きな風に食べられるのがなによりありがたい。旬の食材があれこれと品書きに並ぶが、この店の名物とも言えるのが若狭《わかさ》グジ。

出町桝形は鯖街道の終点にあたり、若狭から鯖をはじめとする海産物が運ばれてきて、ここから御所へ献上《けんじょう》されたり、市中の魚屋へと運ばれていった。若狭の浜でひと塩されたアマダイはグジと呼ばれ、都人の好物となった。この地に店を構える『西角』がグジを名物とするのは当然の帰結とも言える。

テーブル席や個室もあるが、調理の様子を間近に見ながら食事ができるカウンター席がお奨め。ゆったりとしたチェアに腰かけ、選《え》りすぐりの日本酒やワインとともに、京都らしい和食をゆったりと愉しむことができる。この店は天ぷらも得意料理としているので、〆に小さな天丼を頼むのを常としている。アクセス至便な場所にありながら、隠れ家風情もあって市中の山居といった趣きがある。

錦市場が観光客に向けて大きく舵《かじ》を切った今、出町桝形商店街は地元に根付いた京の商店街として今や貴重な存在だ。この『西角』がそれを象徴している。

『うらやま京色《きょうしょく》』

歳のせいか油物がどうも。そんな声をよく耳にするが、どういうわけか古希を越えても、揚げ物に目がない。天ぷらもいいが、いかんせん京都の店は江戸前には及ばず、いきおいフライやカツ系ということになる。中でも串揚げが大の好物で、美味しい串揚げ屋さんがあると聞けば、間をおかず馳せ参じる仕儀《しぎ》となる。

烏丸通と錦小路の交差点を西へ入り、隠れ路地を南へ下ったところにある『うらやま京色』（地図F53）は小粋な串揚げをメインにした居酒屋で、最近のお気に入り店だ。

まずは店の佇まいがいい。通り抜けできない細い路地に隠れ家めいた入口があって、いかにも京都らしい空気を漂わせている。ランチタイムには行列ができるほどの人気店だが、夜は落ち着いた雰囲気の店になり、カウンター席に座れば、目の前で揚げられる串揚げに舌鼓を打ちながら、ワインや日本酒を愉しめる。

串揚げを中心にしたコース料理もあるが、一品料理も豊富にあるのでアラカルトで食べるのがお奨め。おばんざい風の料理や生ハムなどを前菜にして、あとは好みの串揚げを何本か食べて、ひと口カレーで〆るのが僕のお決まり。

ひとりふたりならカウンター席だが、二階にテーブル席や個室もあるので使い勝手がいい店だ。四条烏丸からすぐの場所にあるのでアクセスも至便。揚げ物好きには是非お奨めしたい。

第三章

洛東から洛南へ縦横歩き

真如堂参道

名刹ひしめく洛東、洛南地域。誰にもよく知られた寺社が点在する中、その合間を縫って歩くと、誰も知らない隠れ寺社がひっそりと佇んでいる。

洛東は縦に歩く。有名どころを歩きながら、知られざる名所をご紹介。洛南地域は横に歩いてみる。ちょうど京都駅の北側にあたる道を、東から西へとまっすぐに歩く。と、思わぬ発見があったりして愉しい。

まずは洛東。京都の街中にあって、少しく山に登った気分を味わえる吉田山。ここはまた、学徒の聖地でもあり、かつ天皇家ゆかりの場所としての意味合いも深い。小高い山に登り、その麓《ふもと》へと下りていく。道沿いには多くの社寺が建ち並び、秘めたる歴史に新たな発見をする。

洛南と言えるかどうか。洛中と言ってもいいような『豊国《とよくに》神社』から西へ、正面《しょうめん》通を歩くと、そこかしこに秀吉の影が。

そんな街歩き。

第六の道

紅萌《くれないも》ゆる丘から、真の極楽を辿り、熊野の社へ

洛東は東山三十六峰を間近にするエリアである。つまりは山裾に沿った傾斜地に広がる地域で、北は「修学院離宮《しゅうがくいんりきゅう》」辺りから始まり、「詩仙堂《しせんどう》」、「銀閣寺」へと続き、「永観堂《えいかんどう》」、「南禅寺」、「知恩院」から「八坂神社」へと至り、「清水寺」、「東福寺」へ。

これらの道筋については、既に何度か、拙著でご紹介してきたので、ここでは触れずにおく。

東山の峰々から少し離れて、小高い山をなしている吉田山。ここには『吉田神社』（306ページ地図Ⓗ㋐）が建ち、古来、聖地とされている。ここから歩き始めるとしよう。

近江との境界にある花折《はなおれ》断層によって、比叡山地から分離され、孤立してしまった

小さな丘陵地が吉田山である。古くから遊猟の地として知られ、天皇家との結び付きが強かったという。それを示すかのように、吉田山には歴代天皇の陵墓《りょうぼ》が点在している。

節分に賑わう『吉田神社』

吉田山へ入る道筋は、東西南北、いくつもある。中で、今回は東大路通から入るとしよう。京都バスなら「東一条」、京都市バスの停留所で言えば、「京大正門前」。吉田山はまた、京都大学の山とも言える。〈紅萌ゆる丘の花〉と歌われた旧制三高は、今の京都大学。丘はもちろん吉田山である。バス停から東へ延びる『吉田神社』の参道は両側に京都大学の学舎や寮が建ち並ぶ。左手、北側に正門があり、その奥に有名な時計台がそびえ立っている。そして正面に見えるのが、『吉田神社』の一の鳥居。

貞観元年というから、平安京遷都から半世紀ほど経ったころ、清和天皇の時代。京の都の鎮守神として、藤原山蔭《やまかげ》が奈良の春日大社から四座の神を勧請し、建立したのが始まりという。

都城からは鬼門の方角にある吉田山は、比叡山と共に、王城鎮護の山として崇められたと言われている。幾重にも鎮護の社を建立したことを見るにつけ、当時はいかに魔や厄を恐れていたかが分かって、興味深い。

さて、この藤原山蔭、ただの公家ではなく、日本に於ける調味調理の始祖として知られ、四条流包丁式の創始者でもある。つまり、今の日本に美味しいものが溢れているのは、この藤原山蔭のお陰かもしれないのである。食に興味のある向きは必ず訪ねたい社。

様々に『吉田神社』を紹介するガイドブックがあれども、節分の行事が殆どで、〈食〉にまつわる記述が乏しいのは、なんとも不思議なことである。

そのことは後述するとして、まずは二の鳥居を潜って最初に鎮座している「今宮社」にお参りする。

「今宮社」と言えば、第一章の冒頭でご紹介した洛北の〈今宮さん〉がよく知られているが、この吉田山にも〈今宮さん〉があるのだ。むしろ全国各地に『今宮神社』はあり、神霊を分祀《ぶんし》し、新たに作った神社を総称して『今宮神社』と呼ぶようだから、京都にふたつあっても不思議ではない。

吉田町の産土神《うぶすながみ》として親しまれ、〈木瓜《こうり》大明神〉とも称されるこちらの「今宮社」の中には、ちょっと風変わりな石がある。それが〈四神石《しじんせき》〉。

「今宮社」の三方を護る「四神石」

平安京は四神相応の地であったことから、長岡から遷都されたことは先に述べた。その四神のうちの青龍、白虎、玄武の三つが霊石として、ここに置かれている。朱雀はどうした、などとヤボなことは言わない。都の三方を護ってくださるだけでも充分ありがたい。

参道に戻り、石段を上って、本宮へと辿る。

京都人にとって『吉田神社』と言えば、何をおいても節分祭。初詣の際には各社に分散しても、節分ともなれば、殆どがこの『吉田神社』か、もしくは「壬生寺」。東一条、京大正門前のバス停から一の鳥居まで、参道には多くの屋台が並び、押し寄せる参拝客で人波は途切れることがない。

その人波は本宮にまで続く。とりわけ古いお札を納め、赤々と炎を上げて燃え盛る納札所〈火炉《かろ》〉は、黒山の人だかりとなるのが、節分祭のときの『吉田神社』。そんな光景を頭に浮かべながら、まずは本宮に参拝。

さて、これでお参りが済んだかと思いきや、駒札を読むと、どうも、そうではないらしい。全国から参集した八百万《やおよろず》の神々を祀った『大元宮《だいげんぐう》』（地図H㋑）へも参詣しないと、完遂には程遠いようだ。

お菓子の神さま『菓祖《かそ》神社』

『菓祖神社』への参道

『大元宮』は山の上にあり、なだらかな坂道を上っていくのだが、途中、赤い鳥居がふたつ並んでいる分かれ道があって、その左側は『菓祖神社』（地図H㋒）へ続く参道になっている。

『菓祖神社』には、その名が示す通り、お菓子の神さまが祀られている。京都の和菓子屋さんたちが建立した、比較的新しい神社だ。小高い丘に上ってみると、石の玉垣には著名な菓子屋の名前がずらりと並んでいる。

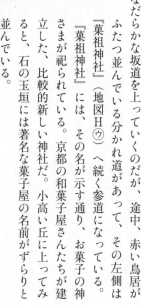

祭神は、饅頭作りの技術を宋《そう》の国から日本に伝えた林浄因命《はやしじょういんのみこと》と、田道間守命《たぢまもりのみこと》のふたり。後者については、ちょっとおもしろい逸話がある。

紀元前の話。時の天皇に、不老不死の霊菓を探してくるよう命じられたのが田道間守命。大陸に渡り、十年の後、ようやく見つけて持ち帰ったのが枝付きの橘《たちばな》、つまりは蜜柑《みかん》だったようだ。が、時すでに遅し。天皇は崩御した後だったという。

これが菓子のルーツと言われるから、すなわち元は果物だったことになる。田道間が転じてタチバナとなる。菓子屋の屋号に橘家を名乗る店が多く、「菓子」という字に果物の一部が含まれているのは、そういうわけなのである。

包丁の神さま『山蔭《やまかげ》神社』

『大元宮』へ続く参道をさらに上っていくと、途中で小さな社に幾つか出会う。『吉田神社』には幾つもの摂社や末社があるのだ。

『菓祖神社』と同じく、食にまつわる社が『山蔭神社』(地図H㊏)。『菓祖神社』から遅れること、わずかに二年、昭和三十四年(一九五九)の創建。戦後から脱却し、干支《えと》もひと回りして、ようやく世の中が落ち着き始め、食うや食わずの時代から脱却し、「旨いもの」という言葉が流布《るふ》し出したころだろうか。祭神はもちろん、『吉田神社』建立の立役者とも言える藤原山蔭卿《きょう》。日本で最初に調味、調理を行った人物とされ、料理の神であり、包丁の神さまでもある。

先の『菓祖神社』と同じく、玉垣には有名料亭や飲食店の名が並ぶ。毎年五月八日の例祭では、生間《いかま》流包丁式の奉納が行われ、古式ゆかしい包丁技が披露される。

こうして『菓祖神社』、『山蔭神社』と辿ってくると、『吉田神社』がいかに〈食〉と深い関わりを持つかが分かってくる。歩いてみて初めて伝わってくる実感。どんなに詳細な記述がなされているガイドブックでも、実際に訪ねてみないと分からないことは山のようにある。

『山蔭神社』

『吉田神社』 境内にはあちこちに鹿が…

『吉田神社』を紹介する文頭に、「春日大社から四座の神を勧請し」と書いたが、そのことを如実《によじつ》に表すのが、境内で散見される鹿。石灯籠には鹿の絵が彫られ、境内には神鹿《しんろく》の坐像が鎮座している。なるほど、「春日大社」と言えば神鹿だもの。細部を見て、初めて納得できることも少なくない。

八百万の神々を祀る『大元宮』

寄り道をしながら『大元宮』（地図H㋑）へ。ここへお参りしてこその『吉田神社』なのである。

神道ではよく知られた神だという〈虚無大元尊《そらなきおおもとみこと》神《かみ》〉は、宇宙の始まりを司《つかさど》る神さまだそうで、それを祀り、かつ、そこから生まれた八百万の神々を祀るという、他に類を見ない壮大な神社である。

八百万の神を祀る『大元宮』

そもそもこの場所は『吉田神社』の社家、吉田家の齋《さい》の場所だったと言われている。

吉田家と言えば、徒然草で知られる吉田兼好をはじめ、古くから朝廷に仕え、多くの学者や文人を輩出した名家。そんな名家にあやかれるのもありがたい。

ちょっと他では見たことのない、不思議な形状の本殿である。朱塗りが目立つ八角形の社は、近未来的な建築にも見える。万物の始まり、と言えば、そう見えなくもない。八百万の神々がおわしますのだから、念入りにお参りしなければならない。

備前焼《びぜんやき》の狛犬『宗忠神社《むねただじんじゃ》』

『大元宮』を出て、参道を下ると、〈紅もゆる丘…〉の石碑が建っていて、三高生たちの歌声がこだまするようだ。しばらく歩くと、「竹中《たけなか》稲荷社」の鳥居が見える。神社仏閣の別を問わず、お稲荷さんというのは、本当にあちこちにあるものだと感心する。

千本鳥居とまではいかないものの、何本かの朱の鳥居を潜り、境内を出ると、すぐ前に『宗忠神社』(地図H㋔)の境内へ誘《いざな》う神明鳥居が見えてくる。この界隈は、社の密集地帯である。

浅学にしてまったく知らなかったのだが、黒住《くろずみ》教という宗教があり、この『宗忠《むねただ》神社』は、その教祖である黒住宗忠を祀っていると駒札にある。山の中にしては広い平坦地に、「白山社《しらやましゃ》」や「忠春社《ただはるしゃ》」本殿などが建ち並び、時の為政者《いせいしゃ》によって、手厚く庇護《ひご》された社だったことがうかがえる。境内に〈神井〉と記された井戸があり、これには不思議な逸話が残されている。

山の上の神社ゆえ、井戸を掘ってみたものの、一滴たりとも湧き出てこない。困り

『宗忠神社』

「神楽岡の霊水」をたたえる「神井」

果てた神官が忠春に相談すると、たったひと晩で、水が滾々《こんこん》と湧き出るようになったという。

常は澄んだ水が、神社によからぬことが起こりそうになると、水が濁って、事前に知らせてくれるのだそうだ。

〈神楽岡《かぐらおか》の霊水〉と呼ばれる水は、手水舎で授かることができ、それも、近付くと自動的に水が出てくるという、近代的な仕掛けになっているところがおもしろい。

境内を抜けて、東南方向に続く石段を下りると、鳥居の傍に一風変わった狛犬がいる。

阿《あ》も吽《うん》も逆立ちをしていて、なおかつ石造ではなく焼物なのである。

北陸の神社などで、逆立ちした狛犬は時折り見掛けるが、陶製は滅多に見ない。あまりに不思議なので、社務所に戻って尋ねてみると、なるほど納得。黒住教の本部は岡山にあり、宗忠も岡山の人なので、備前焼の狛犬なのだそうだ。ちなみにこの神社は「神楽岡宗忠神社」と呼び、岡山の本山『宗忠神社』と区別しているとも。

そんな謂れを聞いて、改めて狛犬を見ると、たしかに備前焼だ。話は聞いてみるものだと思いながら鳥居を潜り、『宗忠神社』を背にすると、眼前に不思議な光景が広がっている。

見事な逆立ちの狛犬

安らぎの名所『真如堂《しんにょどう》』

『宗忠神社』の鳥居から『真如堂』（地図H㋕）の赤門まで、まっすぐに道が延びている。まっすぐと言って、本当にまっすぐなのだ。『宗忠神社』の参拝を終えたら、きっと誰もが『真如堂』へ参るに違いない。そう言いたげに道が続いている。ちょっと珍しい光景だと思う（201ページ写真参照）。

さらっと『真如堂』と言ったが、正式名称は『真正極楽寺《しんしょうごくらくじ》』。〈真正〉、数ある極楽寺の中で、正真正銘ここが本物であるぞ、という意味だろうか。この寺の由緒というか、創建時の逸話はかなり長く、それだけで紙幅《しふく》が尽きてしまいそうなので詳細は省く。既著でも触れているので、そちらをお読みいただくとして、女人《にょにん》救済としても知られる寺のそこかしこに、穏やかでゆったりとした風情が漂い、それはまるで母親の胎内のような安らぎ。

ゆるやかな石段は、その幅も広く、本堂へと向かう道筋から既に、心をゆったりと静めてくれる。同じ石段でも、たとえば「知恩院」の三門へと続く急峻《きゅうしゅん》な石段と、それに続く男坂と呼ばれる、御影堂へと辿る急な階段などと比べれば、その穏やかさが分かる。

応仁の乱で焼失し、近江の坂本、一条などへの移転を繰り返し、ようやく足利義政によって、今の場所に再建されたという。しかしながら天台宗から浄土宗へと改宗し、またもや一条に戻り、元禄《げんろく》時代になって、今の場所に落ち着き、再び天台宗に戻る、というなんとも慌ただしい歴史を重ねてきた寺。時代に翻弄《ほんろう》されてきたことが、この寺にどんな影響を与えてきたのか、僕にはよく分からないが、少し歩いては、次の石段を上る、という伸びやかさが好きだ。

広い参道の両側には木立が並び、右手には木々の合間に三重塔が見え隠れする。これほどの安らぎを与えてくれる参道は他にないのではないか。そう思えるほどに、この参道は清々《すがすが》しい気持ちにさせてくれる。もみじも多く植わり、紅葉のシーズンともなれば、この広い参道が人で埋まるほどの名所となる。

「うなずきの弥陀」が祀られている本堂については、たいていのガイドブックで紹介されているので詳述は避ける。「随縁《ずいえん》の庭」や「涅槃の庭」を観終えたら、本堂を出て境内を歩いてみる。

本堂の右横に鎮座する「阿弥陀如来露仏《ろぶつ》」。背後の台座に〈木食正禅造立《もくじきしょうぜんぞうりゅう》〉と記されている。五穀を絶って、木の実などを立ったまま食べ、修行を重ねたという木食上人がこの像を造り、この寺に安置したという。

ちょっと珍しいのが、鎌倉からやって来たという「鎌倉地蔵尊」。元は妖怪だった〈殺生石《せっしょういし》〉でできている。美しい女性に化けた狐《きつね》が、中国でその正体を見破られ、日本に逃げてきた。そして鳥羽上皇を騙そうとしたのを見破ったのが、安倍晴明《せいめい》の子孫。その狐が退治され、〈殺生石〉となって害をなしていると聞いた玄翁《げんのう》という禅僧が杜杖《ちゅうじょう》で石を砕き、成仏させた後、地蔵を彫って鎌倉の寺に安置した。一説では、この故事から、金槌《かなづち》をゲンノウと呼ぶようになったとも言われている。

「鎌倉地蔵尊」

しかしこの地蔵、甲良豊後守《こうらぶんごのかみ》という武士の夢枕に立ち、京都の『真如堂』に祀るよう告げたという。豊後守は早速それを実行し、この寺に鎮座しているというわけだ。

境内の池の周りを歩くと、幾つか目を引くものがある。ひとつは天台宗の開祖である最澄の像。金色に輝くのが珍しい。〈伝教大師巡錫《じゅんしゃく》之像〉と石碑には刻まれている。錫杖《しゃくじょう》を手に、教えを説いてまわっているところなのだろう。その傍に〈京都映画誕生の碑〉と記された石のモニュメントが建っている。

明治四十一年（一九〇八）。日本映画の父と称される牧野省三が、歌舞伎の劇映画化に成功し、その記念すべき第一作『本能寺合戦』のロケ地となったのが、この『真如堂』だった。それを記念して建てられた石碑というのも、歩いてみて初めて分かること。

池の中には小さな祠が浮かび、その対岸に四阿《あずまや》がある。どうやら、ここから池越しにお参りするようで、賽銭置き場が設えてある。ここは〈赤崎《あかさき》弁天〉と呼ばれ、寺の財政が逼迫《ひっぱく》した際、当時の住職が周防国《すおうのくに》（現在の山口県東部）の赤崎弁財天に願掛けを行ったら、立ちどころに寄付が集まったと伝わっている。あやかりたいものである。

「京都映画誕生の碑」

「元三大師《がんざんだいし》堂」「萬霊《ばんれい》堂」「縣井《あがたい》観音堂」など、広い境内には、まだまだ見どころがたくさんあるのだが、すべてを紹介するには紙幅が足りない。最後に「鐘楼《しょうろう》堂」の鐘だけを間近に見ておくとしよう。

境内の外れにある「鐘楼堂」。この鐘をよく見ると、小さな丸い穴が二箇所ある。鐘に穴、というのは珍しい。どういうわけかと言えば、先の大戦に於ける不思議な話がある。

いざ戦争を始めてみたものの、

大国を相手に戦うには、いかにも物資が足りない。とりわけ金属類は慢性的に不足している。というわけで軍部が目を付けたのが、寺の鐘楼。これを溶かして使えば、当分しのげるのではと目論み、各地の寺に供与を命じた。当寺の鐘楼も例外ではなく、香川県の製錬所に運ばれた。

そこでまず行われたのが、材質検査のためのボーリング。直径一・五センチほどの穴をふたつ開けて検査に臨んだ。これが昭和十七年（一九四二）ころだというから、まだまだ戦争が始まって間もないころ。当然各種兵器の原料になっていたはずが、どういうわけか使われないまま、戦後間もなく無事に返還されたという。

兵器として使われることなく、無事に帰還したことから、その強運にあやかろうとする人もいるようで、鐘の穴に向かって祈りを捧げる姿も時折り見掛ける。『真正極楽寺』を訪れると、様々な時代の片鱗に触れることができる。

ふたつの陵墓

この辺り一帯は、神楽岡とも呼ばれていて、それは神が寄る〈神坐《しんざ》〉から派生した地名だという。平安のころには既に、神楽岡と呼ばれていたようで、それ故かどうかは定かでないが、天皇家の陵墓が点在している。

ひとつは後一条天皇の陵墓（地図Ｈ㋖）。もちろん立ち入ることなどはできないが、吉田山の深い緑に囲まれ、神明鳥居の奥に眠る御霊は厳かな空気を漂わせている。時の権力者、藤原道長に翻弄された後一条天皇は、ここ神楽岡で安らかに眠っているのだろうか。

もうひとつは陽成《ようぜい》天皇の陵墓（地図Ｈ㋗）で、『真如堂』の山門からすぐ左手にある。

第五十七代天皇である陽成天皇もまた、さしたる歴史的実績もなく、宮中で殺人を犯したという奇行くらいしか人の記憶に残っていないというのも気の毒だが、そんな後世の評価の低さ故か、幾らか狭苦しさを感じさせる陵墓。寺社密集地の中、一般住宅の軒が迫る一角に天皇の陵墓が場所を近くして並ぶのも、不思議な光景ではある。

古刹『金戒光明寺《こんかいこうみょうじ》』

『真如堂』のすぐ隣にあるのが『金戒光明寺』（地図Ｈ㋘）。京都人には〈くろ谷さん〉と言ったほうが通りはいい。

『真如堂』の赤門を出て、左に向かって歩くとすぐ、『金戒光明寺』の北門が見えてくる。この門を潜って、ずらりと並ぶ墓地を横目に見ながら境内に入る。あまりに広い境内に、何をどう、どこから見ればいいのか迷う。とにかく正面入口とも言える山門に向かうとする。

万延《まんえん》元年（一八六〇）に完成したという山門。楼上の正面には〈浄土真宗最初門《さいしょもん》〉と書かれた額が掛かる。法然《ほうねん》上人が念仏道場を建てたのが、この寺の始まりだと言われているから、浄土真宗にとっては、重要な位置付けをされているのだろう。

山門を潜ってすぐ、左手に勢至丸《せいしまる》の銅像が建っている。若き日の法然上人は、一心に拝んでいるようだ。師である叡空《えいくう》から譲り受けた禅房を、念仏を唱える場として活用したことから始まった寺。法然はかつての修行の地、比叡山の黒谷にちなみ、ここを新黒谷と呼んでいたのが、いつしか〈新〉が取れて、〈くろ谷さん〉になった。

石段を上ると、正面に「御影堂」が見える。昭和のはじめころに全焼したが、終戦直前に再建され、法然が自ら彫ったという御影像が祀られている。「御影堂」に上って外回廊に出ると、京都の街並みを見渡せる。西南を向いているので、夕陽のころにはとりわけ美しい景色が望める。

その「御影堂」を正面に見て、右手に低く枝を伸ばす松が植わっている。これが世に言う「鎧かけの松」。法然上人を訪ねた熊谷直実《なおざね》が、方丈の裏にある池で鎧を洗い、この松に干して出家したという逸話が残る松である。直実は源平合戦の際、まだあどけない少年だった平敦盛《たいらのあつもり》を討ったことで知られる武将。きっと人生の無常を感じ取り、出家という手段を取ったのだろう。

その鎧を洗ったという池には石橋が架かり、〈極楽橋〉と名付けられている。京都の社寺の中では最も古い橋と伝わり、池は別名を〈鎧池〉というとか。

豊臣秀頼によって再建された「阿弥陀堂」は、寺内で最も古い建物と言われ、恵心僧都最後の作と言われる阿弥陀如来像が祀られている。この阿弥陀さまは別名〈ノミおさめ如来〉と呼ばれている。阿弥陀さまのお腹の中に、彫刻の道具一式が納められていることから、そんな別名が付いた。

境内の東奥にある石段を上ると三重塔が見えてくる。徳川二代将軍、秀忠の菩提を弔うために建てたと言われる塔だ。

吉田山の丘に建つ古刹『金戒光明寺』。この寺に残された様々な遺構には、いろんな歴史の一コマが刻まれている。宗教に生涯を捧げた僧侶、戦いに勝利しながらも、その無常感から仏門に入った侍。天下を取った者。譲った者。阿弥陀を刻み続けた僧――。

ただ古刹を名所とだけとらえ、まるでオブジェでも観るかのように、写真を撮ることだけに終始する旅人の姿を見るにつけ、なんとも情けない気持ちになる。過去の事象に思いを馳せながら、ゆっくりと寺歩きを愉しみたいものだ。

『須賀・交通神社』と「懸想文《けそうぶみ》」

『金戒光明寺』を出て、その西南角から西へ延びる道を歩くと、寺と神社が向かい合う四つ辻に出る。この辺りにも寺社が密集している。

『須賀・交通神社』

南側に建つ社は『須賀・交通神社』（307ページ地図I㋙）。同じ境内に二社が建つ。スサノオノミコトを主祭神とするこの神社は、かつて、ここより南東にある「岡崎神社」を〈東天王社〉と呼んだのに対し、〈西天王社〉と呼ばれた。それより以前には『吉田神社』の境内にあり、今の場所はその御旅所だったという。そんな謂れからか、近年になって三柱を分祀し、新たに『交通神社』を創祀《そうし》した。旅との縁が深い神社には、今も多くの善男善女が旅の無事を願って参拝に訪れる。

既著にも記したが、『須賀神社』では節分祭に懸想文売りが出て、大いに賑わう。懸想文とは、今で言うラブレターのようなもので、これを授かって、箪笥の引き出しなどに仕舞っておくと、良縁に恵まれるという。水干《すいかん》姿に烏帽子《えぼし》を頭に載せた古式ゆかしい出で立ちで懸想文を売る姿は、いかにも京都の古社らしい雰囲気を醸し出す。

『積善院準提堂《せきぜんいんじゅんていどう》』の〈人喰い地蔵〉

『須賀神社』を出て向かいにあるのが、『積善院準提堂』（地図Ⅰ㋚）。この寺も京都人には馴染みが深い割に、ガイドブックには殆ど登場しない。隣接する「聖護院《しょうごいん》」の塔頭で、「積善院」と「準提堂」が合わさっての寺名である。前者は鎌倉時代初期の創建と伝わり、専《もっぱ》ら「聖護院」の下で山伏《やまぶし》たちを統括していたという。

後者は准胝《じゅんてい》観音を本尊とし、江戸期に建立されたもの。それぞれ別の場所にあったのを、明治時代に合併し、大正のはじめころ、今の場所に移ってきたという。

『積善院準提堂』の「五大力さん」

京都人にとって馴染み深いのは、二月二十三日に行われる〈五大力《ごだいりき》さん〉。南の「醍醐寺《だいごじ》」と同じく、五大力尊法要が営まれることで知られる。ちなみに五大力とは、「不動明王《ふどうみようおう》」（中央）、「大威徳明王」（西方）、「軍荼利明王」（南方）、「降三世明王」（東方）、「金剛夜叉明《こんごうやしや》王」（北方）の五大明王を総称して言う。この五大明王を信仰すれば、影のように寄り添い、終日見守ってくれ、無事息災を約束してくれるというありがたい話。秘仏なので、普段はお姿を拝すること叶わず、年に一度のご開帳を待つしかないが、お堂を拝むだけでも、幾らかのご利益はある。

さほど広い境内ではないが、必ず観ておきたいものがふたつばかり。

ひとつは、俗に〈人喰い地蔵〉と呼ばれるお地蔵さまで、境内の北西の隅に祀られている。なんとも恐ろしい名前が付いているが、これは「崇徳院《すとくいん》地蔵」がなまったものので、元は崇徳天皇の御霊を慰めんとして建てた地蔵尊。死後、これほど恐れられる天皇も他にいないだろうと思うほど、あちこちで崇徳天皇の御霊を鎮めるための祠や碑が建っている。

父である鳥羽上皇による、イジメとも取れるような、まさかの弟即位。その弟、後白河天皇の徹底した兄貴無視。度重なる無念を晴らさんと、舌を噛み切り、その血で呪いの言葉を綴《つづ》ったというのだから、恐れられるのも無理はない。爪や髪を伸ばし放題にし、自らを日本の大魔王と称して、まるで夜叉《やしゃ》のような姿で最期の時を迎えたという崇徳天皇。いくらなまったとはいえ、人喰いと称されるとは思ってもいなかっただろう。

もうひとつ。「お俊伝兵衛恋情塚《しゅんでんべえれんじょうづか》」という供養塚が建っている。

江戸時代の中ごろ、三条釜座近くに住む呉服商の井筒屋伝兵衛と、先斗町にあったお茶屋「近江屋」の遊女《ゆうじょ》お俊が、聖護院の森で心中した。この〈お俊伝兵衛の心中事件〉は語りぐさとなり、やがて近松門左衛門《ちかまつもんざえもん》は、これを題材とした浄瑠璃《じょうるり》に仕立て上げる。後に歌舞伎の演目ともなった〈近頃河原達引《ちかごろかわらのたてひき》〉である。

無理やり別れさせようとされ、隠れるようにしての逢瀬《おうせ》。自分は死ぬから、お俊は生きて後を弔うように伝兵衛が言う。それに応えてのお俊の台詞《せりふ》はつとに名高い。

「そりゃぁ聞こえませぬ、伝兵衛さん」

そこから一気に心中へと突き進み、聖護院の森へと分け入っていく。今も緑豊かな界隈だが、悲劇の舞台になるほど深い森だったのかと、感慨は深い。

本堂には「準提堂」のご本尊、准胝観音と「積善院」のご本尊、不動明王を合祀している。それ故、少々ややこしいが、本堂の西側に建っているのが元の「積善院」本堂で、役行者像や阿弥陀如来像を祀っている。小さな寺だが、存外見どころは多い。

さて、この辺りの地名ともなっている「聖護院」。格式高い門跡寺院として、本山修験宗総本山として名高い寺だが、常は予約拝観で、かつ拝観停止日も多い。思い立ってすぐ拝観できる寺院ではないので、紹介は省く。

先の心中事件に見られるように、広大な敷地を擁し、聖護院村とも称されていた。そこで育てられていた野菜は、今の京野菜となり、聖護院大根、聖護院蕪《かぶ》がよく知られる。さらには京土産の代表とも言える八ツ橋は、ここ聖護院が発祥の地である。

「聖護院」から西に歩くと、道の両側に八ツ橋を商う店が軒を並べ、向かい合って、その売上を競い合っている。

『聖護院八ツ橋総本店』

京土産の王者、八ツ橋という菓子のルーツは、箏曲《そうきょく》八橋流《やつはしりゅう》を生み出した八橋検《けん》校《ぎょう》にある。

検校は近世箏曲を確立した後没し、黒谷『金戒光明寺』の塔頭「常光院《じょうこういん》」に葬られた。師を悼む門弟たちが、絶え間なく墓参に訪れる参道沿いで、琴の形に似せた菓子を売り出したのが、銘菓八ツ橋の起こりと伝わる。

その八ツ橋の総本山とも言える『聖護院八ツ橋総本店』（地図Ⅰ㊹）。風雪に耐えてきた看板の書は、富岡鉄斎《とみおかてっさい》。屋号の「玄鶴《げんかく》堂」。名に重みを感じる。黒谷の黒を「玄」

とし、琴の音に似た鳴き声をあげる鶴から「鶴」を取った。その風雅さに、本物だけが持つ、燻《いぶ》し銀の輝きを見る。

　今日、八ツ橋と言えば、多くは生八ツ橋を思い浮かべるだろうが、京都人にとって、八ツ橋と言えば断然焼菓子のほうである。緩やかな曲線を描く薄板に、カリッと歯を当てれば、ニッキの香りと共に、はかなく折れて舌の上に横たわる。噛み締めると、米粉ならではの風味が広がり、爽やかな甘みが染み渡っていく。

　焼菓子として不動の王座を確立した八ツ橋はやがて、焼かずに生で食べる、生八ツ橋という斬新な形へと幅を広げていく。色紙形のそれには真ん中に切れ目が入り、指で取ると、短冊形にすうーっとふたつに分かれる。くたっと指に纏わる生八ツ橋。その感触は官能的ですらある。指先を惜しみながら口に入れると、もっちりと歯に粘り、ニッキの香りを纏って、得も言われぬ食感が口中に絡まっていく。

　様々な八ツ橋のバリエーションがあり、どれを土

『聖護院八ツ橋総本店』

産にするか迷うくらい。ニッキの香りに包まれて、ひとときの安らぎ。

白狐を祀る『御辰《おたつ》稲荷神社』

少し道筋は前後するが、観ておきたい神社が東のほうにある。丸太町通沿いに建つ『御辰稲荷神社』（地図Ⅰ㋛）だ。順路的には『金戒光明寺』の後、『須賀神社』を訪ねる前がいいだろう。『須賀神社』の東の角を下って、丸太町通に出たところにある。

お稲荷さんというのは、本当にあちこちにあって、それだけ親しまれているのだろうが、ここ『御辰稲荷神社』のお稲荷さんは、幾分、他とは異なる性格を持っている。何しろ、狐が自分で祀ってくれと頼んだというのだから。

時は宝永《ほうえい》二年（一七〇五）。東山天皇の側室である新崇賢門院《しんすうけんもんいん》の夢枕に白狐が立った。

「御所内裏の辰巳《たつみ》の方角に森があるから、そこにわたしを祀ってください」

その言葉を聞いて翌朝、新崇賢門院が辰巳のほうを訪ねてみると、そこには聖護院の森が広がっていた。早速祠を建て、白狐を祀ったという。実際に祀った神社は辰の方角だったので『御辰稲荷神社』と名付けられた。

さて、その白狐。音楽好きだったと見えて、夜ともなれば琴を奏《かな》で、道行く人々に聴かせ、やがて〈御辰狐〉と呼ばれるようになった。「相国寺《しょうこくじ》」境内に建つ「宗旦《そうたん》稲荷社」の〈宗旦狐〉と合わせ、〈京の風流狐〉とも称されている。

この社にはもうひとつの逸話があって、それは当社の奥に鎮座する「福石《ふくいし》大明神」にまつわる。

『御辰稲荷神社』

「亀石大明神社」

この社の近く、白川橋のほとりに、ひと組の貧しい夫婦が住んでいた。その日食べるのがやっと、という暮らしぶりながら、信心深い女房は毎日『御辰稲荷神社』へ参り、夫婦の幸せを祈っていた。あるとき、百日の願を掛け、その満願の日、境内でまどろんでいると、女房の首筋に冷たい風が吹く。我に返ると、手のひらには小さな黒い石を握っている。きっと神さまからの授かりものだと思って、女房は持ち帰り神棚に供えた。程なくして子宝に恵まれ、生まれた女の子が大きくなると、大名の目に留まり、お部屋さまとなった。裕福にはならなかったが、幸せに暮らした夫婦の話が伝わり、いつしか、黒い石を供えて幸福を祈願する風習が広まったと言われる。

「福石大明神社」の奥には「初辰《はったつ》大明神社」があり、辰年生まれの守り神として、あるいは〈辰〉が〈達〉に通じるとして、願望成就のご利益もあると言われる。最奥《さいおう》に建つのは「亀石大明神社」。亀の形をした石の上に祠が建ち、〈亀は万年〉と言われ、長寿の象徴として崇められている。

京都三熊野のひとつ『熊野神社』

『御辰稲荷神社』を出て西へ。東大路丸太町の北西角に建つのは『熊野神社』（地図I㋜）。「新熊野《いまくまの》神社」「熊野若王子《にゃくおうじ》神社」と共に、〈京都三熊野〉のひとつに数えられている。

平安のころ、天皇家をはじめとして貴族たちの間で、熊野詣が盛んに行われていた。熊野本宮《ほんぐう》大社、熊野速玉《はやたま》大社、熊野那智《なち》大社の三社を順に詣《もう》でるわけだが、何しろ紀伊半島の奥山から南の端までを歩くのだから、相当な長旅になる。

「こっちから出向くのが大変だから、あちらの神さまにこちらへ来ていただければいいのでは」

さすが、やんごとなき平安貴族の考えることは違う。熊野から神さまを勧請して、神社を建ててしまったのである。そのひとつが、この『熊野神社』。

『熊野神社』

八咫烏をあしらった絵馬

平安京遷都から、程なくしての創建。日圓上人が紀州熊野大神を勧請して、建立し、その際には、紀州から大量の木材や土砂が運び込まれたという。が、多くの他の社寺と同じく、応仁の乱によって焼失した。またしても思う。もしも応仁の乱なかりせば。

それはさておき、再建時は鴨川の近くにまで広く及んだという境内は、今では手狭な感じがする。鳥居を潜って、目に付くのは熊野社の守り神である八咫烏《やたがらす》。三本脚の黒いカラスが境内のあちこちから顔を覗《のぞ》かせる。

まずは本殿へお参り。立派な檜皮葺《ひわだぶき》の流造社殿は、「下鴨神社」から下げ渡されたものだという。天保六年（一八三五）、当社を改修する際、ちょうど「下鴨神社」の式年遷宮《しきねんせんぐう》の翌年だったため、旧社殿が当社で再利用されるようになった。

そういう巡り合わせもあるのだな、と不思議な思いにかられながら、参拝を終えて境内を見回すと、風変わりな碑が目に入ってくる。

〈八ツ橋発祥の地〉と刻まれた石と共に、杖をついた着物姿の老人の像が建っている。碑に文字を刻んだのは梅原猛《うめはらたけし》氏で、老人は西尾為治《にしおためはる》。八ツ橋を広く知らしめた人物である。当社のすぐ北側にも八ツ橋の店があり、なるほど、この地と八ツ橋は深い繋がりを持っているのだ。

第六の道の美味しい店

『肉専科はふう　聖護院』

京都の牛肉料理というのも、すっかり名物として定着した感がある。

京都へ行ったなら牛肉料理を食べなきゃ。そんな声をよく耳にするようになった。既著でも繰り返しそのことは書いてきたので、重複《ちょうふく》は避けるが、京都で美味しい牛肉料理を食べられることは間違いない。

問題はどんな牛肉料理を食べるかだ。

近年は韓国風の焼肉が人気だが、和風の肉割烹もあり、さらにはローストビーフの名店もあって百花繚乱《ひやっかりょうらん》の様相を呈している。

王道を行くならやはりステーキだろう。

京都でステーキと言って真っ先に名が挙がるのが『はふう』。本店は御所近くにあるが、この通り歩きなら聖護院店（地図Ⅰ55）がいい。

店の母体が肉屋さんだから品質は保証付き。かつリーズナブルに京都らしいステーキを食べることができる。ランチでもディナーでも、ひとりでもグループでもと、使い勝手のいい店。

よく吟味された牛肉を手慣れたシェフが焼き上げるのだからまずいわけがない。京都に来たならこれぐらいのぜいたくは許されるだろう。

『ビィヤント』

カレー専門店『ビィヤント』（地図Ⅰ㊻）は、熊野神社の北、東大路通に面し、京大病院と向かい合って建っている。間口は狭く、奥行きも浅く、七、八人も入れば満席になる、カウンターだけの小さな店。

カレーソースは、ビーフ、チキン、シーフード、ベジタブルの四種類から選び、ビーフに限って辛さが三段階に分かれる。客の八割方が注文するというカツカレーが、一番のお奨め。僕はいつも、ビーフの辛口。

狭い店なので、調理の様子を間近に見られる。注文が通ると、まずはコロモの付いたカツをフライヤーに放り込み、カレーソースを温める。ムダのない動きで、さほどの時間を要することなく、カツカレーがカウンターに置かれる。

薄くて大きい、京都流に言うなら〈わらじカツ〉。揚げ上がりが早いのもこの薄さのおかげ。しっかり食べ応えのあるカツに、辛口のソースが絡み、あっという間に、額に汗が滲《し》みだす。ご飯がうっすらと黄色に染まっているのは、サフランライスだからだろう。専門店のため、カレーチェーンとは、ひと味もふた味も違う。

ウッディーなインテリアも含めて、どことはなしにアカデミックな空気が流れているのは、やはり京大が近いせいか。

『ビィヤント』のカレー

『河道屋《かわみちや》　養老《ようろう》』

聖護院の西門前に店を構える『河道屋　養老』（地図Ⅰ㊼）は、麩屋町にある『総本家河道屋』からの暖簾分け。

優に百年を超えるだろう、木造の店は、玄関からして重みが違う。両脇に竹垣を従えた門から母屋まで、黒光りする石畳が続き、庭の緑もたっぷりと情趣を湛え、老舗料亭然とした構えに、いささか気後《きおく》れする向きもあるに違いない。だが心配は無用。座敷以外にテーブル席もあり、千円でお釣りが来るよ

『河道屋 養老』

うな蕎麦の単品メニューもある。

お奨めは〈そば巻き〉。いわば巻き寿司の蕎麦バージョン。これをメニューに載せている蕎麦屋はさほど多くなく、この店に来ると、まずは〈そば巻き〉で一杯となる。

しかし、時間に余裕があれば、是非とも食べてみたいのが、この店の名物で、屋号の由来にもなっている「養老鍋」。他店風に言うなら、うどんすき。

鶏や海老、野菜を鍋で炊きながら食べ、最後に蕎麦やきしめんを入れる。湯葉は「湯波半」、生麩は「麩嘉」、ひろうすは「いづ萬」と、あしらいものにも、京都らしい本物の食材を使うところが人気の秘訣。出汁の旨さも相まって、冬だけでなく、真夏に食べても満足のいく料理。佇まい、料理共に、京都らしい風情を堪能できる。

『京都　天ぷら　かふう』

東一条通から『吉田神社』の参道を歩き、一の鳥居のすぐ手前、南側に店を構える『京都天ぷら　かふう』（地図I㊽）は、京都では珍しい、天ぷら屋さん。昼も夜も天ぷら専門店の天丼が気軽に食べられ、かつ、値ごろなのも嬉しいところ。

東京と違って、京都には天ぷら専門店が少ない。ましてや天丼メインとなると数えるほど。天ぷら好きの京都人も少なくないのだから、こういう天丼をメインにした天ぷら屋さんがもっと増えてもいいと思うのだが。

『京都　天ぷら　かふう』

海老が三匹の海老天丼、穴子が三匹の穴子天丼、いろいろ載ったみっくす天丼の三種が基本。僕はたいてい「みっくす天丼」。浅草辺りの真っ黒い丼ツユのかかった天丼を想像していると、きっと拍子抜けするだろうと思うほど、見た目は淡い色目だが、しっかり天丼らしい濃いめの味は付いていて、コロモをしっかりまとった天ぷらは、食べ応え充分。

遅い時間には売り切れていることもあるので、日指すなら開店直後の、昼前がお奨め。あるいは夜にサクッと天丼とビール、なんていう使い方もできる。

『玉蘭《ぎょくらん》』

京都大学のすぐ近くにあって、今出川通に面している店なのに、なぜか殆ど知られておらず、京都のガイドブックやグルメ情報本には、滅多に掲載されない店。それが『玉蘭』（地図H㊾）。外も中もレストラン然としているが、その実、いたって気楽な食堂風のメニューがずらりと並んでいる。

うどんや蕎麦、ラーメンがあるかと思えば、ハムエッグやオムレツなどという洒落たメニューもある。ビフカツ、ハンバーグ、オムライスといった洋食メニューもちゃんと揃っている。ほんとうにこんなにたくさんの料理をメニューに載せて大丈夫なのだろうか、と心配になるが、僕はことのほか、こういう店が好きである。メニューは多ければ多いほど選ぶ愉しみがある。外食というものは、こうしてメニューを選べるから愉しいのだと思っている。

懐《ふところ》にやさしい値段設定。どんなときでも、必ず食べたいものが見つかる豊富なメニュー。過不足のないサービス。追い立てられることのない、居心地のよさ。そしてもちろん、美味しい料理。

とは言っても、食通が百も千も言葉を尽くして語るような美食ではなく、食べ終えて、誰もが、ほっこりと心を穏やかにできる、そんな料理。

かつて、京都の街には、こんな店が山のようにあった。それが今はどうだろう。メディアに煽られて長い行列を作るか、半年も先の予約を強《し》いられて、それでも嬉々として暖簾を潜るような、一部の有名店だけが持て囃《はや》される。その反動なのか、この『玉蘭』のような、良心の塊とも言える店は見過ごされてしまう。新店を見つけ出し、絶賛の言葉と共に紹介するしか能のないブログが溢れる京都。希望の灯はまったく見えない。おかげで行列もなくすんなりと店に入れるのだから、ありがたいと思ったほうがいいのかもしれないのだが。

『玉蘭』のAランチ

　何を食べても美味しいが、一番のお奨めはAランチ。目玉焼きを添えたハンバーグと海老フライのセット。ご飯と味噌汁が付いて八百円。

看板にはレストランとあるが、学生街の店らしくうどんや丼などもメニューに載る。どれも千円を超えることなく、それでいて充分ボリュームもあって美味しい。いつまでも残ってほしい店の筆頭格だ。

『クラークハウス』

京都大学の門前茶屋と言ってもいいような場所と佇まい。『クラークハウス』（地図I⑥⓪）は朝早くから夕暮れどきまで、通り歩きにひと息入れるには格好のお店だ。

東一条通と東大路通の交差点を西に入ってすぐの南側。分かりやすい場所にある店の基本は喫茶店。昭和五十九年（一九八四）の創業だそうだから、京都の喫茶店としてはそれほど古い店ではない。

クラークと名が付いているのは北海道への憧憬《しょうけい》からかもしれないが、詳しくは分からない。

だが、北海道と言えばジャガイモ。この店の名物とも言えるのが〈肉じゃが〉や〈クラークコロッケ〉だから、案外当たっているのかもしれない。

凝りすぎないコーヒーが美味しい。ハンドドリップで淹れたブレンドコーヒーは、素直な味と香りで、へんに思索を促さないのがいい。コーヒーだけではない。この店の紅茶もまた素直に美味しい。ポットでサービスされる紅茶は芳《かぐわ》しい香りを放ち、歩き疲れた身体を癒してくれる。

喫茶店ではあるが、ランチも美味しい。とりわけ、ほくほくのジャガイモたっぷり、サラダと味噌汁、ご飯の付いた肉じゃがはほっこりと美味しい。ふと肉じゃがを食べたくなって、どこかのお店で、と思ってもなかなか思い当たらない。そんなときには是非この店へ。そんな意味でも貴重な店だ。

余談になるが、この『クラークハウス』の西隣に古書店ができた。『茶と古本』という一風変わった店名の通り、お茶屋さん兼古本屋という不思議なスタイル。京大の近くとあってアカデミックな本が所狭しと並んでいる中で、僕の本がちらほら。嬉しいような気恥ずかしいような、だ。肉じゃがのあとは古本。この道ならではの小休止である。

『グリル満佐留《まさる》』

かつてこの界隈の近衛通には楽友《らくゆう》会館というレストランがあり、クラシック建築の店で本格的な洋食ランチを食べることができた。何度か開店閉店を繰り返し、スパニッシュ建築が印象的な建物は残っているが、レストランは営業していない。希少な存在だったので残念至極だ。

今でこそ開かれた大学ということで、キャンパスに誰でもが利用できるオシャレなレストランがたくさんあるが、ここはその走りだったような記憶がある。半官半民といったところなので、通常より価格は抑えられていて、かつアカデミックな空気が漂うというレストラン。不死鳥のように蘇らぬものかと、前を通る度に残念な思いをしていて、通り掛かって偶然見つけたお店が、おなじような洋食を出していたので嬉しくなった。

おなじ近衛通にあって、東大路通を越え、さらに鞠小路《まりこうじ》通を越えた辺りに店を構える『グリル満佐留』（地図I㊀）なら、オーソドックスな洋食を手頃な値段で味わえる、町の洋食屋さんである。

街並みにしっくりと溶けこんだ明るい構えの店に入ると、カウンターとテーブル席。黒い椅子が印象的で、小ぢんまりした造りが落ち着く店。

ハンバーグとイカ、魚のフライを盛り合わせたCセットが好きだ。ご飯と味噌汁、冷奴が付く。この店の名物は豚バラ角煮のトロカツだそうだが、一度食べてみようと思いながら、ほかにも魅力的なメニューがたくさんあるので、まだ叶わずにいる。学生街の洋食屋さんにハズレはない。この店がそれを証明している。

『戸隠流《とがくし》そば打ち処　實徳《みのり》』

今出川通に面して、北白川から少し西に入ったところにある『戸隠流そば打ち処實徳』（地図H㉜）は、京都では珍しい戸隠流の蕎麦屋だが、ログハウス風の外観は、一見すると喫茶店のような雰囲気である。

根曲がり竹で編んだ笊《ざる》に、水をきらず、小さくまとめた蕎麦を盛る。ぼっち盛りと呼ぶ、戸隠流ならではの盛り方が、京都では珍しくも美しい。

オープンして三十年ほどにもなるだろうか。時折り、無性にこの戸隠流蕎麦が食べたくなって足を運ぶのだが、年々食べるサイズが小さくなっていくのが、いくらか寂しい。昔は特大の「十一ぼっち」を軽く平らげたのが、大の「七ぼっち」となり、いつのころからか、並の「五ぼっち」で充分になった。それでも普通の店のひと玉半はゆうにありそうなので、しっかり食べ応えはある。

器に盛った蕎麦や、温かいものもあるが、やはりこの店に来たら、戸隠流のぼっち盛りを楽しみたい。極端に量も少なく、やれ水蕎麦だとか、塩で食べろなどと強いる、蕎麦フェチとも呼びたくなるような、似非《えせ》蕎麦通とはハッキリ一線を画す店が好ましい。本当の蕎麦好きはこういう店に足を運ぶ。

並から特大まで、お腹の具合に合わせてご注文を。

『はとや食堂』

『はとや食堂』

至極目立つ場所にありながら、不思議と目立たない店というものがある。何度もその前を通りながら店の存在に気付かないこともあれば、店があるなとは思いながら素通りしてしまっていて、ある日突如としてその店がオーラを放ち、吸い寄せられるように入ってしまった店。

東大路通と丸太町通の交差点、西南角に建つ『はとや食堂』（地図Ⅰ63）がその典型例だ。

目立たない理由のひとつに隣り合ってうどん屋があるからで、そちらの店のショーケースに目を向けて歩いていくうちに通り過ぎてしまうのだ。

地方の駅前によくある店構えと看板を横目に店に入ると、懐かしさがこみ上げてくる食堂の佇まい。冷蔵ケースに並んだおかずを選び取るシステムは、今や絶滅危惧種といってもいいほど激減した。

早朝から営業していて、十時半まで提供している朝定食がお奨め。とりわけ冬の寒い朝なら京都ならではの粕汁《かすじる》があって、ほかほかご飯とおかずに心までもが暖まる。

焼鮭や鯖煮などの定食もいいが、各種うどんとおかず、ご飯がセットになったうどん定食もいい。お腹いっぱい食べて千円でお釣りがくる店もずいぶん少なくなった。

『らんたん』

京大病院に向かい合って建ち、東大路通に面する店。カレーをご紹介した『ビィヤント』の南側にあるラーメン店。テント地のファサード下にぶらさがる赤いランタンが目印の店はその名も『らんたん』（地図Ⅰ64）。創業は東京オリンピックとおなじ一九六四年だそうだが、その数年後にはもうこの店のラーメンを食べていた記憶がある。

京都を代表するラーメンだが、全国チェーンの、あの濃厚な白濁スープとは正反対の、澄んだ醬油色のスープ。自家製麵だという麵は、いくらか細めのちぢれ麵。夜鳴きそばとでも呼びたくなるような、あっさりと優しい味わい。

よほどの空腹でなければ並で充分。チャーシューもたっぷり載り、スープの表面にかすかに浮く脂《あぶら》が格好のアクセントになり、あっという間にお腹におさまる。もしも〈京都ラーメン〉を作るなら、この店のラーメンがお手本になるのではないだろうか。食べながら、いつも僕はそう思っている。ラーメンマニア御用達《ごようたし》の凝ったラーメンとは一線を画し、正統派の醬油ラーメンをかたくなに守り続ける店。京都の地に根

『かく谷老舗』

付いた、京都らしいラーメンをお探しの方には、是非ともお奨めしたい。

『かく谷老舗《たにろうほ》』

『熊野神社』から東大路通を北へ。一筋目を西に曲がってすぐ、南側に『かく谷老舗』（地図Ⅰ65）という蕎麦屋がある。

明治初めころに石川県から移ってきての創業というから、立派な老舗である。が、それを感じさせない気安さが、店の内外に溢れている。小屋根の上に掛かる木製の看板に、胡粉《ごふん》で右から書かれている〈御蕎麦〉の三文字が、老舗の証。右手のガラスケースに並べられたサンプルメニューを見て、何を食べるか決める。そんな昔ながらのスタイルがいい。

名物は「にしんそば」。初めての客はほとんどがこれを注文している。甘辛く、ほっくりとやわらかく煮込まれた、にしんの棒煮が蕎麦に載る。蕎麦の出汁に、にしんの煮汁が加わり、なんとも言えず美味しい。今や京都名物となった「にしん蕎麦」だが、嚆矢は南座傍の店というのが定説となっている。それに負けず劣らずの長い歴史を持つ『かく谷』のそれも、長い伝統を感じさせる、深い味わい。

ランチタイムには小天丼と蕎麦がセットになったメニューも人気だそうだが、常連客のお目当てはかやくご飯セットだと聞いた。選べる蕎麦とかやくご飯がセットになったメニューは数量限定なので早い者勝ち。

いつも気になりながら、まだ一度も食べたことのない「レモンうどん」や、冬場限定の「かきカレーそば」など、老舗とは思えない斬新なメニューがあるのも嬉しい。

第七の道

豊国神社から西本願寺まで

——正面通を通って京都を横断する

秀吉の遺構を辿り、巨大な寺へと歩く

京都の通り名の中で、ひときわ異彩を放つのが、正面通。東西に延びる道筋。この通りを歩いてみると、京都の辿ってきた歴史を垣間見ることができる。

正面とは「大辞泉」によると、「正しく向き合っている方向」とある。あるいは「まっすぐ前」ともある。いずれにせよ、何かがなければ向き合うこともないし、まっすぐ前、にもならない。では、何と正しく向き合うことから付いた通り名なのか。

京都というところは、千二百年有余の長い時を経てきた街である。その歴史をさかのぼり、平安の都を思えば、当然ながら大内裏と「正しく向き合っている方向」となるはず。だが現実の正面通は、御所とはまったく別の場所に延びている。

正面通は途中消滅や蛇行を繰り返しながら、西は千本通から始まり、東はある神社の前まで続いている。その、ある神社、というのが実は正面通の由来となっているのだ。それが『豊国神社』（308ページ地図J㋝）。言わずと知れた豊臣秀吉を祀る社である。ただ元の姿から言えば、大仏殿を擁していた『方広寺《ほうこうじ》』が主たる施設だったから、大仏さまの正面、というのが正しい。

奈良の大仏さまよりも大きい大仏さまが、昭和のころまで京都にあったことは忘れ去られている。だがそれは紛れもない事実で、その遺構は『豊国神社』の周りに残されている。

『豊国神社』はしかし、ここより東、阿弥陀ヶ峰の山頂にある豊国廟《びょう》への入口ととらえることもでき、となれば正面通は阿弥陀ヶ峰から既に始まっていると言えるのかもしれない。いずれにせよ、江戸以降、京都におけるすべての街づくりは、秀吉を中心として行われてきたことがよく分かる。

阿弥陀ヶ峰からでもいいのだが、かなりの頂にあるから、坂の上まで登り切るのは、いささか荷が重い。西への長い道のりを考えると、もう少し下界から歩き始めたい。

大仏殿跡

この道の始まりは東山馬町。京都市バスの停留所がある。鎌倉時代に、六波羅探題《ろくはらたんだい》が置かれていた地で、この近辺に幕府に献上する駿馬《しゅんめ》を繋ぎ止めていたところ、見物人が多く集まったことから、馬町《うままち》と呼ばれるようになったと伝わる。

もうひとつの馬町の歴史は、先の大戦で空襲を受けたこと。

終戦の年の一月。馬町近辺は空襲を受け、多数の犠牲者を出した。国民の戦意低下を恐れた国が箝口令《かんこうれい》を敷いたため、文化財の多い京都は空襲を免《まぬが》れた、とまことしやかに伝わったが、この馬町をはじめ、西陣など、少ないながらも何度か空襲を受けている。

そんな歴史を振り返りながら、目指すは『豊国神社』。東大路通から西に向かって歩き始めると、ほどなく檜皮葺の神社の屋根が見えてくる。東山裾野にあたるこの界隈は、わずかばかり小高い丘のようになっていて、西へは坂を下っていく。

『豊国神社』の本当の正面は西側なのだが、あえて裏側から入ろうとしているのには、少しばかり訳がある。大仏殿の跡地が緑地公園として整備され、そこを訪ねると、いかに巨大な大仏殿が建っていたかが、つぶさに見られるからである。

さしたる建屋も、ましてや資料館などもない、ただの野っ原だが、それだからこそ、かつての姿が容易に想像できる。案内板に記された位置関係をたしかめ、広大な敷地と大仏殿を思い浮かべてみる。それほどの大仏がなぜ消失してしまったのか。もしも未《いま》だ健在だったとしたら、どれほど多くの観光客が押し寄せていただろうか。荒涼たる公園の真ん中に立ち、目をつぶると、ざわめきが聞こえてくる。

緑地公園を出て、そのまま西に進むと、抜け道のようにして『方広寺』（地図J㋞）の境内に出られるが、ここはやはり正面に廻って、『豊国神社』から参拝したい。

大仏殿跡緑地

『豊国神社』と『方広寺』

神社の前の道路は東西、南北とも、京都には珍しいくらいに、実に広い。

石段を上がると石の鳥居。そしてそれを潜ると広々とした境内。石畳の参道に石灯籠が並ぶ。正面にそびえるのは唐門《からもん》。無防備に見えるが国宝である。南禅寺「金地院《こんちいん》」から移築されたものだが、遡《さかのぼ》れば二条城だとか、桃山城だとかの城門だと言われる。

様式から推察して桃山城だろうと思うのだが。

日光東照宮にも似た唐門は、秀吉の好みだったに違いない。どことはなしに黄金の茶室を思い浮かべてしまう。それはともかく、この門を見るためだけに訪れてもいい社だ。

秀吉といえば千成《せんなり》瓢箪。唐門の両脇にも瓢箪形がだらりと下がる。

優れた意匠の唐門

正面通の名の由来として『豊国神社』を挙げたが、それは少し違うのだろう。正しくは『方広寺』に建つはずだった大仏さまの正面だったのかもしれない。歩き始めた場所に、その跡を残していた大仏殿。秀吉は京都に、奈良を上回る規模の大仏を建立しようとしていたのだった。

というわけで、『豊国神社』に隣り合って建つ寺『方広寺』、何をおいても見るべきは鐘楼。と言うより、他にはさしたる見どころのない寺なのだが。数段の石段を上り、志を納めてから鐘楼の中に入る。四隅に置かれているのは、数奇な運命をたどった、京都大仏の遺残である。礎石《そせき》を見るだに、いかに巨大な大仏殿だったかが分かる。

奈良東大寺に倣って大仏の建立を始めた秀吉だったが、地震による倒壊によって、結局開眼法要を待たずに来世へと旅立ってしまう。息子秀頼が、秀吉の遺志を継いで、再度大仏造営を試みるものの、今度は火事によって焼失してしまった。三度目の正直とばかり、ようやく日の目を見た大仏造営に寄与したのは、皮肉なことに徳川家康の力だった。そしてここから、豊臣家と徳川家の遺恨が始まる。

実に巨大な鐘は、知恩院、奈良東大寺と共に、日本三大梵鐘《ぼんしょう》のひとつに数えられている。青銅で作られた大きな鐘をつぶさに見てみる。鐘楼の位置でいうなら西側。上のほうに白く囲まれた文字が浮かぶ。そこに刻まれた文字。斜め左上の四文字は〈君臣豊楽〉、右下の四文字は〈国家安康〉。普通に読めばどうということのない、無難な四文字熟語だが、家康はこれに難癖《なんくせ》を付ける。

千成瓢箪

南禅寺の禅僧草案による文字を、「豊臣を君主とし、家康の家と康を分断するなど、無礼千万《ぶれいせんばん》」と言い放ち、ここから大坂冬の陣の勃発《ぼっぱつ》へと繋がっていく。

これを僕は、「京都二大イチャモン」と名付けている。今ひとつは利休の木像事件である。

文字が刻まれた梵鐘

家康を怒らせた四文字熟語

『大徳寺』山門の上層部に「金毛閣」を完成させた千利休は、自身の木像を安置する。と、これが秀吉の逆鱗《げきりん》に触れることになる。「門を潜るものはすべて、利休の足の下を通ることになる。なんたる傲岸不遜《ごうがんふそん》」と言い、秀吉は利休に切腹を申し付けるに至る。

二大イチャモンは、どちらも似たような話である。時の権力者が、自分を危うくするだろう者に難癖を付け、亡き者にしてしまおうとする。利休にイチャモンを付けた秀吉。その豊臣家に今度は家康がイチャモンを付ける。輪廻転生《りんねてんしょう》を思わずにはいられない。

歴史というものは、過去に置き去りにされたものではなく、今に至るまで連綿と続くもの。東山の麓に建つ『豊国神社』を訪ねる度にそんな思いにかられる。

これまでの本にも幾度となく書いてきたが、今ここにある京都は、イメージこそ平安京かもしれないが、現実としては、秀吉が作り上げた京都を色濃く残し、その姿を映し出しているものが圧倒的に多い。度重なる戦乱、分けても応仁の乱に於いて、京都の市街地は壊滅的な打撃を受けた。それまでに既に失われていた平安京の遺構は、完膚《かんぷ》なきまでに叩き潰されたと言っていい。

更地《さらち》のようになった京都にやって来て、意のままに都を作り替えたのが、誰あろう豊臣秀吉だった。よくも悪くも秀吉。市内各所に立つ駒札に秀吉の二文字を見付けることは、実に容易であって、それがないことは稀だと言ってもいい。

そんな秀吉だが、天敵とも言える徳川家康にイジメられ、とうとう豊臣家が滅亡する端緒《たんしょ》となった、この『豊国神社』。唐門の奥には拝殿があり、通常はここから参拝する。本殿までは入れないのが、いかにも自らを神格化した秀吉らしいところ。境内には宝物館もあり、秀吉の遺品も所蔵されているようだ。

正面通を歩く

さて、いよいよ正面通歩きを始める。鳥居を出て西を見ると、実に広大な眺めであ

『甘春堂』の「茶壽器」

る。正面通はもちろん、南北に横切る大和大路通もこの社の前だけが群を抜いて広い。洛内の中心地で、これほどに広がる景色はなかなか得られるものではない。さすがに正面を名乗るだけのことはある。

歩き始めてすぐではあるが、まずは門前にある名物菓子屋へ立ち寄るとしよう。

店の名は『甘春堂《かんしゅんどう》』（地図J66）。市内に幾つか店舗を持つが、ここは〈東店〉のようだ。朝九時から店を開け、菓子職人による和菓子作りの実演なども行われ、和菓子好きには格好のお休み処。季節の上生菓子もあるが、ちょっと変わった趣向の和菓子があり、土産に持ち帰ると、きっと話題になる。

「茶壽器《ちゃじゅのうつわ》」は、見たところ普通の楽焼《らくやき》の抹茶碗だが、実は細工菓子。抹茶を飲んだ後は、ぱりぱりと食べてしまえるという趣向だ。小ぶりの煎茶茶碗もあり、こちらは「白寿焼《はくじゅやき》」と名付けられている。よくできた作りなので、たいていは菓子と気付かず、手で割ってみて声を上げて驚く。そんな反応も愉しい和菓子。

甘くて愉しい和菓子を味わって店を出ると、すぐ向かいに、苦い思いをさせられる塚がある。「耳塚」だ。

文禄《ぶんろく》・慶長《けいちょう》の役《えき》。その負の遺産。書くだに、おぞましい話なので、詳細は省くが、これをもってして、哀悼《あいとう》の意を表した、という見方には少なからず無理がある。手柄自慢だったと言われても仕方がない。後世に生きる者としては、ただただ頭を垂れ、祈りを捧げるしか術がない。

『専定寺《せんじょうじ》』（烏寺《からすでら》）

気を取り直して、再び西に向かって歩く。と、程なくして右手に寺の山門が見えてくる。ここが通称〈烏寺〉。正しくは『専定寺』（地図J㊇）。実に小ぢんまりとした寺だ。もちろん観光寺院ではないから、潜り戸から入って声を掛けておく。

山号は〈熊谷山〉。その元となった逸話が駒札に記されている。昔、専定法師という僧が、この辺りの松の木陰で休んでいると、二羽の烏が梢《こずえ》に止まり、こう言ったという。

――今日は熊谷直実の極楽往生の日。我々もお見送りしようではないか――

不思議に思った専定が、後日になって直実の庵を訪ねてみると、烏が話していた、

熊野権現の使いでもある烏

祠に祀られる「言わ猿」「聞か猿」

ちょうどそのときに亡くなっていたという。不思議な縁を感じた専定は当地に草庵を結び、当寺を起こしたと伝わっている。烏と言えば、熊野権現の使いでもある。強い霊性が僧を惹《ひ》きつけたのだろう。

そんな〈烏寺〉は山門の上に瓦で作った烏を載せ、境内に建つ石碑には、二羽の烏が抱き合う形を刻んでいる。

小さな寺だが、よく見ると他の寺ではあまり見掛けない不思議なものが幾つかある。そのひとつがお堂の屋根下に施された龍の彫り物。通常は本山にしか許されないだろう龍が、金網越しに見える。格式の高い寺なのだろうか。

ふたつには、境内の片隅に祀られた小さな祠。ここに〈聞か猿〉と〈言わ猿〉が祀られている。どういう謂れかと聞けば、神仏混淆《しんぶつこんこう》の流れによって当寺にも安置されるようになったものだという。いわゆる庚申《こうしん》信仰だろう。烏と猿はケンカしないのか。そこまでは聞きそびれてしまった。

正面通ふたたび

今はない大仏だが、近くの郵便局の名前にその名残を留めている。〈烏寺〉から西へ歩き、一筋目を北に上ったところに「大仏前郵便局」がある。経緯を知らなければ、何かの間違いだろうと思うに違いない。

京都の街を歩くと、こうした過去の遺跡を地名や通り名に残しているのを目にする。今、目の前にあるものだけを見て、京都を歩いたとしても、真の姿はとうてい見えてこない。地名や通り名にも目を向け、イマジネーションを広げ、旧き時代に想いを馳せると一層深みを増すのが、京都の街歩きだということを、今一度思い起こしていただきたい。

古くからあっただろう醫院《いいん》、老舗の風格を漂わせる料理屋などが建ち並ぶ正面通を、ひたすら西へ向かって歩く。さっきまでとは打って変わって、車一台通るのがやっと、

鴨川をじっと見守る梵鐘

という細道は、やがて鴨川に行き当たる。
　堤には柳が植わり、緑をゆらゆらと揺らせる合間を縫うように、斜めに橋が掛かる。これが「正面橋」。渡り切って橋の畔を見ると、小さな梵鐘が置かれている。駒札があるではなし、無《む》造作《ぞうさ》に放置されているようで、しかし鎖に繋がれているところを見れば、投棄されたものではないようだ。
　誰が置いたのか分からないが、その意図はよく分かる。この橋を渡り、正面通を歩けば、やがて大きな梵鐘に行き着く。そう言いたげに梵鐘が鴨川の流れを見つめている。
　歩くとまた小さな橋に出会う。今度は高瀬川だ。二条通から南に下ってすぐの「一之船入《いちのふないり》」から始まり、四条通北の「九之船入」まで続き、十条通の上流で鴨川と合流する高瀬川。角倉了以《すみのくらりょうい》と素庵《そあん》親子によって開鑿《かいさく》された運河である。京都と伏見を結ぶ高瀬川が、物流革命を起こし、京都の産業拡大に多大な貢献をしたことはよく知られているが、そのきっかけが『方広寺』大仏殿再建にあったことは、存外知られていない。

京都に大仏を作る。それがどれほどの大事業だったかを、この細い流れの高瀬川が如実に物語っている。水の流れの力を借りて物を運ぶ。それによって建立されたのは大仏殿だけではない。多くの寺社が運河としての高瀬川に助けられ、本堂や社殿を維持することができた。無論それは寺社に留まらず、京都の産業全般、高瀬川という物流ラインによって、大きな発展を遂げることに繋がった。その一例が『山内任天堂』(地図J)。今では『丸福樓』と名付けられた立派なホテルに生まれ変わった。

今の人たちには「Ｓｗｉｔｃｈ」が思い浮かぶだろうが、僕のような世代には、一世を風靡《ふうび》した「ファミコン」がすぐに頭に浮かぶ。コンピューターゲームの先駆者として知られる会社は、かつてこの高瀬川沿いに本社を置いていて、今もその勇姿をこの地に留めている。

丸に福の字。『山内任天堂』と記された銘板が誇らしげだ。いつの時代のものかは分からないが、モダンな洋風建築はきっと名のある建築家が手掛けたものなのだろう。この建物が主役だったころには、コンピューターゲームなど影も形もなかったに違いない。「任天堂」と言えば、かるた、そしてトランプ。

正月ともなれば、家族揃って輪になり、かるたやトランプに興じる。笑い声が絶え

任天堂の旧本社。現在はホテル『丸福樓』に

堂々たる銘板

ることはなく、しかし少しでもズルをしようものなら、子供は厳しく叱責《しっせき》され、ルールやマナーを守る必要性を教えられた。

電車の中だろうと、歩きながらでも、人の迷惑を顧《かえり》みることなくスマホでゲームに夢中になる若者の様子を見れば、創始者はどんな思いにかられるだろうか。玄関先に施されたモダンな意匠が、どことなく儚《はかな》げに見える。

老舗茶筒店『開化堂《かいかどう》』

正面通から高瀬川沿いに北に上り、細い川が東へと緩やかに弧を描く辺り、河原町通近くにあるのが『開化堂』（地図J㊻）。明治八年（一八七五）創業の老舗茶筒店。近年ずいぶんとモダンな店になった。

茶筒。ひと昔前までは、どこの家庭にもひとつやふたつ、茶簞笥の中に仕舞われていたが、今はどれくらいの家庭に残っているだろうか。

いつの間にか、お茶はペットボトルで飲むものとなり、急須《きゅうす》で茶を淹れる機会が激減している。となればお茶っ葉を保存するための茶筒などは、ますます無縁となり、今の若い人たちには、茶筒を見たことがないという向きもあるようだ。

やかんでお湯を沸かす。一旦沸騰《ふっとう》させてから、湯冷ましで少し温度を下げる。茶筒を簞笥から取り出し、蓋を開ける。たいていは二重蓋になっていて、開けるときに、すぽん、と音がする。急須にお茶っ葉を入れ、頃合いの温度になったら湯を注ぐ。この一連の流れを、家族が輪になって見守る。時には菓子を用意して卓上に並べる。家族それぞれの湯呑に茶を注ぎ分けて、さて一服。

これをして家族団欒《だんらん》と呼ぶ。茶筒はその主要なキャスト。『開化堂』のそれなら言うことなし。極めて気密性に優れている証として、まるで自動ドアのように、外蓋がすーっと閉まる。僕はこれを魔法の茶筒と呼んでいた。

一見すると高価に思えるが、一生モノどころか、何代にもわたって使い続けられるのだから、むしろ安いと言える。ブリキ、銅、真鍮、銀と好みの素材を選んで買い求め、団欒を取り戻したい。

『渉成園《しょうせいえん》』（枳殻《きこく》邸）

京都駅から徒歩圏内にあり、季節を問わず美しい眺めを得られる庭園ながら、多くが素通りしてしまっているのは、なんとも勿体無い。

東は河原町通、西は間之町《あいのまち》通、北は上珠数屋《かみじゅずや》町通、南は下珠数屋町通と、広大な敷地を持つ名勝『渉成園』（地図J㋠）は『東本願寺』の飛地《とびち》境内という位置付けで、周囲に枳殻《からたち》の生け垣を巡らせたことから〈枳殻邸〉とも呼ばれている。

入口は西側、正面通から辿るのが便利。京都駅からなら七条烏丸を経て、北東に歩くとほどなく石垣が見えてくる。黒門を潜って受付へ。他の寺のように定められた拝観料ではなく、志納金《しのうきん》という形を取っている。下限は五百円だが、写真集とも思えるような立派なカラーグラビアの冊子をいただけるので、五百円では申し訳ないくらいだ。

後述する『東本願寺』同様、徳川家と深い関わりを持ち、三代将軍徳川家光から寄進された土地を、宣如《せんにょ》上人が隠居所として定めたことから『渉成園』は始まった。陶《とう》淵明《えんめい》「帰去來辞《ききょらいのじ》」の一節「園日渉而成趣」からその名を付けた。園は日に渉《わた》り、以《も》って趣を成す。庭園は時間をかけてこそ趣が出てくるもの。大方はそんな意だろう。「詩仙堂」を開いた石川丈山《いしかわじょうざん》の作庭と伝わる、池泉回遊式庭園には、幾つも見どころがある。その辿り方、謂れについては冊子に詳しく記してあるので、ここで詳細を紹介することは避けるが、大まかなところだけ順を追って。

「枳殻邸」の石垣

受付を過ぎて、まず目に飛び込んでくるのは正面の高石垣。城壁の一部のようにも見えるが、近付いてみると、石臼や瓦、礎石や切石など多様な石材を組み合わせて、不思議な形に積み上げられている。不規則が生み出す美は、現代アートにも似て、これから庭園を鑑賞しようとする目と心に小刻みなジャブを放ってくる。

庭園の入口を通って左に〈臨池亭《りんちてい》〉、その奥に〈滴翠軒《てきすいけん》〉と名付けられた茶室が見える。池を挟んで対岸には〈代笠席《たいりつせき》〉と呼ばれる煎茶席がある。代笠とは、人里離れた地を訪れた旅人が笠の代わりに

「傍花閣」

して、雨宿りする席を言うのだそうだ。

小さな池から鑓水《やりみず》に沿って歩くと、意表をつく建物に出会う。それが〈傍花閣《ぼうかかく》〉。文字通り桜の花の傍らに建つ楼閣だが、持仏堂の山門という意味合いを持っているようだ。

高石垣とは対照的に、意匠も含めて、見事にシンメトリーが保たれている。再三の大火に見舞われた『渉成園』ゆえ、殆どすべての建物は明治以降に再建されたものだが、それでもこの〈傍花閣〉などはもっと評価されてしかるべき建築だろうと思う。桜咲く春にはきっと見事な景色を見せてくれるに違いない。

幾つもある建物は内部を公開しておらず、外から様子を窺《うかが》うのみだが、景色の一部として見れば、そこに建っている価値は充分に伝わってくる。

敷地の大半を占める大きな〈印月池《いんげつち》〉の眺めが『渉成園』のハイライトと言ってもいいだろう。池に浮かぶ小島と、それを結ぶふたつの橋、〈回棹廊《かいとうろう》〉と〈侵雪橋《しんせつきょう》〉。

どちらも素晴らしい景観を作り出している。池の名は東山から昇る月影を池に映す姿から取られた。夕刻に閉園となるので叶わぬ夢だが、名月の夜にそんな光景を眺めてみたい。

ちなみにこの〈印月池〉、最近では〈印塔池〉との異名があるそうで、それは〈侵雪橋〉越しに見える京都タワーを池に映すからだという。誰が言い出したのかは不明だが、言い得て妙である。

この〈印月池〉には九重の石塔が建っている。源　融《みなもとのとおる》ゆかりの塔で『渉成園』が築造される前から近辺にあったと言われている。元々あった笠はなくなり、その代わりに宝篋印塔《ほうきょういんとう》の笠が置かれている。源融の供養塔にふさわしく、塔身には四方仏が刻まれている。

京都タワーを映す「印月池」

『渉成園』の界隈は、源融が営んだ六条河原院の旧蹟《きゅうせき》という説もあり、石塔だけでなく、庭園の随所に置かれた〈塩釜の手水鉢〉や〈塩釜の井筒〉がそれを象徴している。

源融は六条河原院を作る際、奥州塩釜の風景を模して作庭したと言われ、念の入ったことに、池の水は瀬戸内から海水を運ばせたとも伝わっている。そんな源融ゆかりの景物が残されてはいるが、実際にはもう少し北東方向に六条河原院はあった、という説もある。

京都駅から至近距離にありながら、圧倒的な空の広さ、伸びやかな庭、ふたつの池を彩る景物、そして季節の花々を愉しめる『渉成園』は、四季ごとに訪れたい名園である。


『文子天満宮』


渉成園の北側、上珠数屋町通を西へ歩き、ひとつ目の信号を北に上ると、やがて左手に石の鳥居が見えてくる。これが『文子天満宮』(309ページ地図Ⓚ㋡)。

鳥居横の石柱に刻まれた文字には「北野天満宮の前身神社　天神信仰発祥の神社」とある。文子とは多治比《たじひの》文子のことで、菅原道真公の乳母だった人物である。

無実の罪で太宰府へと流され、不遇の死を遂げる。死後しばらく経ったある日、文子は亡き道真から託宣を受ける。

――われを右近の馬場へ祀れ――

そうお告げを受けた文子だが、貧しさゆえ社殿を建立すること叶わず、住まいの一角に小さな祠を建て、道真公の御霊を鎮めた。すべて天神信仰は、ここから始まったと言われる所以である。境内には、その文子の像が建ち、道真公が太宰府に旅立つ際、別れを惜しんで文子の家に立ち寄り、腰掛けたと言われる石が残されている。駒札には〈菅公腰掛石〉と記されている。

『文子天満宮』

道真公を祭神とする拝殿と背中合わせに、「成就社」があり、諸事成就を願う参拝者も少なくない。朱で彩られた「文子殿」は良縁成就の札が掛かる。京都に数多ある天満宮のひとつと言えばそうだし、それらすべての発祥とも言える。小さな社ながら、不思議と心に残る神社である。

『上徳寺《じょうとくじ》』の世継地蔵と『蓮光寺《れんこうじ》』の駒止地蔵

京都の街に深く根付く地蔵信仰。古くからある町内なら、必ずどこかに小さな祠があり、祀られたお地蔵さまに、通り掛かる人たちが立ち止まって手を合わせる。子供を守るだけでなく、町内全般の守り神として崇められている。よだれ掛けを作り、祠の隅々まで掃除し、供え物をし、花を手向ける。京都中の夥《おびただ》しい数の町内で、日々行われていることだ。

それとは別に、お寺に安置されているお地蔵さまにもお参りする。こちらはしかし、守り神というより、願掛け。決まった願い事を聞いてくださるお地蔵さまがおられ、そのご利益にあやかろうとする。

河原町五条近辺に建つ、ふたつの寺。ここには都人御用達のお地蔵さまがおられる。富小路通を五条通から下っていくと、右手に土塀が続き、〈よつぎ地蔵〉の看板が見えてくる。ここが『上徳寺』（地図J㋢）。

一六〇三年、徳川家康が阿茶局《あちゃのつぼね》を開基として創建した寺と伝わる。阿茶局と言えば、側室というより、家康の懐刀《ふところがたな》として活躍した女性として知られる。大坂冬の陣、夏の陣の際、豊臣方と徳川方の和睦《わぼく》に立ち会い、高い政治力を発揮したことで名高い。家康は遺言で、自らの死後、阿茶局に対して仏門に入ることを制し、世継となる息子の秀忠の後見人になるよう懇願したという。そんな阿茶局を開基としているからか、『上徳寺』には〈世継地蔵〉を安置する地蔵堂が建っている。

山門を潜って正面に見える本堂は、「永観堂」から移築されたもの。本尊は阿弥陀如来像。左手に〈身代わり地蔵〉があり、さらに進むと〈世継地蔵〉がおわします地蔵堂が建っているのだが、ここには少し珍しい趣向の願掛けが用意されている。

お堂の壁に郵便受けのような、小さな開口があり、その上には木札があり、これは〈文入れ口〉だと記してある。曰く。


――所願、所求、謝恩など文に書きしるし、心より『世継地蔵尊』を念じ、御名を三回称へたてまつりて、開口のところに奉献いたさるべし――


筆記用具と便箋《びんせん》が置かれていて、これに願い事を書き、開口から納めると、お地蔵さまが願いを聞いてくださるというわけだ。そのため、地蔵尊に一番近いところに開口部を設けてある。不躾《ぶしつけ》にも覗いてみると、先客の文が何通か見える。観光客が参拝するような有名寺院ではないから、おそらくは都人の願掛けだろう。令和の今日になっても民間信仰は深く浸透しているのが京都という街。

『上徳寺』から富小路通をさらに南に下ると、左手に『蓮光寺』〈地図J㋣〉が見えてくる。室町時代の半ばに、真盛《しんせい》という僧侶によって開基された寺だが、当初は天台宗だったのを後に秀吉によって浄土宗に改宗させられたという、曰くつきの寺でもある。

さて、この『蓮光寺』におわします地蔵尊は〈駒止地蔵〉と呼ばれている。その由来はと言うと、平清盛に繋がる。

ここからさほど遠くないところに六条河原がある。そこを平清盛が馬に乗って通り掛かったときのこと。疾駆《しっく》していた馬が突然立ち止まり、ぴくりとも動かなくなった。不審に思った清盛がそこを掘り返したところ、大きなお地蔵さまが出てきた。六条河原と言えば、当時は一大刑場だったことから、その供養にとお地蔵さまが祀られ、その後当寺に移転してきたというわけだ。馬を止めたから駒止。

高さは八尺というから二メートルをはるかに超える大きなお地蔵さまは、弘法大師空海の作とも伝わり、江戸時代には名地蔵二十一体のひとつに数えられたという。かつて、盗賊に襲われた篤信者《とくしんじゃ》の身代わりになって守り、その際首を斬られたことから〈首斬り地蔵〉の異名もある。その由来から、清盛ファンだけでなく、災厄の身代わりになってもらえるように願を掛ける人も参拝に訪れる。

地蔵信仰を象徴するような二体のお地蔵さまが、近くに並んで建っている。是非足を運んでみたい。

『今西軒』のおはぎ

何がどうあれ、こういう店を〈和スイーツ〉などと呼んではいけない。和菓子と洋菓子との間には結界とも言うべき境があり、それをスイーツという言葉で一括《ひとくく》りにするのは暴挙に等しい。

烏丸五条から南西方向に少しばかり歩くと『今西軒』（地図K㊈）の軒先に掛かる〈おはぎ〉の看板が目に入ってくる。

おはぎ、もしくは、ぼたもち。前者は秋の萩を由来として、後者は春の牡丹から名が付いたと言われる。春秋の彼岸には欠かせない菓子。本来は家庭で手作りするものだったが、今ではどこかしらの菓子屋で買い求める。どうせなら美味しいほうがいい。

というわけで、都人の間で人気を呼んでいたのが、いつしか観光客の耳にも届き、今や行列のできる店と化した。この図式は如何ともし難く、京都に暮らす者としては、忸怩《じくじ》たる思いがあるのだが、それはさておき、『今西軒』のおはぎ。基本的には、こし餡、つぶ餡、きな粉の三種類。どれも一個が二百二十円。量産品ではないので売り切れ御免。朝九時半の開店を待って、買い求めるのが確実。

昔ながらの素朴な味わいで、ふたつ、みっつと、つい手が伸びる。じっくりと嚙みしめれば、これをスイーツと呼んではいけないわけがきっと分かるはず。

『東本願寺』──東と西の本願寺

京都を旅して『東本願寺』（地図K㋤）を見たことのない人など、ひとりとしていないだろう。多くが先刻承知ゆえ、詳しい紹介は省くとする。京都駅のすぐ北側にあって、広大な敷地を有する寺は、京都の寺院界を代表するビッグスターでもある。正式名称は「真宗本廟」。俗に〈お東さん〉と呼ばれることが多い。

威風堂々たる〈御影堂〉の姿は、山門を潜らずとも外から見える。その威容を目の当たりにすると、きっとこれも世界文化遺産だろうと思う向きも少なくないが、残念ながら指定されてはいない。「西本願寺」だけなのである。その最も大きな理由は度重なる大火によって、幾度も焼失し、今の建物は指定基準を満たしていないということのようだ。何しろ〈火出し本願寺〉と揶揄《やゆ》されたほど、何度も火災に遭っている。

ということは、時が経てば指定される可能性も残されているのであって、それは〈御影堂〉の堂内に入って、あまりの広さに圧倒されれば実感できる。

とにかく広い。それだけでなく、訪れた参拝客を包み込むような、そんな穏やかな空気が流れているのである。訪れた多くの人びとが畳に座り込み、呆然として周囲を見回している。そもそも、本願寺は鎌倉時代の僧、浄土真宗の開祖である親鸞《しんらん》没後、その廟堂から発展した浄土真宗本願寺派の本山である。それはしかし、「西本願寺」を言い、そこから分かれたのが『東本願寺』、つまりは分家筋に当たるということ。

では、なぜふたつに分かれたかと言えば、織田信長と浄土真宗本願寺派との対立が切っ掛けとなったのである。十年にもわたって戦いが続き、信長側が勝利を収め、その結果、大坂にある「石山本願寺」の顕如《けんにょ》と講和を結ぶことになる。

これで話が終われば一件落着だったのだが、顕如の長男である教如《きょうにょ》が反旗を翻《ひるがえ》し、信長に対してファイティングポーズを取った。顕如が去った後も教如は寺に残り、一時的に籠城するが、結局は敗残してしまう。このことが後々尾を引くことになる。

時は流れ、「石山本願寺」は火災により焼失。秀吉によって寄進された土地に、新たに本願寺が建立されることになる。これが今の「西本願寺」。ちなみに「石山本願寺」の跡には大坂城が建った。跡継ぎは教如となるはずが、信長の信奉者である秀吉が難色を示し、三男の准如《じゅんにょ》に跡を継がせた。

しかし時代の変遷が、新たな展開を生む。関ヶ原の戦いで勝利し、天下を取った家康が教如に肩入れするのである。当時の本願寺の近くの広大な土地を教如に寄進し、新たな本願寺を作らせてしまう。こうして元の本願寺が「西本願寺」、新たな寺が『東本願寺』となった。信長、秀吉、家康の三大武将によって翻弄され、東と西に分かれた本願寺が今に至っている。そんなことに思いを馳せながら〈御影堂〉を見上げると、また違った風に見えてくるから不思議だ。

〈御影堂〉から渡り廊下を伝って行けるギャラリーも一見の価値があるが、僕のお奨めは「御影堂門」近くにある「お買い物広場」。ここでしか買えないオリジナルグッズは必見である。

〈お東〉に掛けた「おひがし」なる菓子が愉しい。木版画を印刷した小箱に入った豆菓子「おひがしさん」、和三盆を使い〈御影堂〉を模した「おひがし」など、なかなか洒落たネーミングとパッケージ。赤、青、黄を基調にした「こんぺいとう」は、和紙に包まれた筒に入っていて、食べるのが惜しまれるほど愛らしい。どれも手頃な値段で、かつ日持ちもするので京土産には最適である。『東本願寺』参拝の際には是非立ち寄られるよう、お奨めする。

見た目も華やぐ『京なまふ 麩藤《ふうとう》』

後述する茶蕎麦の店から、若宮八幡宮へと辿る途上で、偶然見つけた店、『京なまふ 麩藤』（地図K㊴）。よほどの京都通であっても、容易には辿り着けない場所にある。

小さな店の中には、幾種類もの麩が並び、華やいだ眺めを見せる。京都の正月には欠かせない手毬麩をはじめ、笹巻麩や花麩など、見た目に美しく、食べて美味しい麩は、どれを買い求めるか迷うほど。時雨煮にした麩なら日持ちもよく、京土産に求めるには最適。

歴史を刻む小さな祠『若宮八幡宮』

さらに偶然通り掛かって参拝した、民家の間に挟まれて小さな祠があるだけの神社が『若宮八幡宮』（地図K㈡）。鳥居の額束には〈若宮八幡宮〉とある。はて、京都人にとって『若宮八幡宮』と言えば、誰もが五条坂の同名神社を思い浮かべるに違いない。その分社かと思いきや、由緒正しき神社だと知って、思わず背筋を伸ばした。

朱塗りの小さな鳥居の横に石碑が建ち、正面には〈若宮八幡宮〉と記されているが、側面をよく見ると〈八幡太郎　源《みなもとの》　義家《よしいえ》誕生地〉とあるではないか。

源義家と言えば、前九年の役を平定し、後三年の役を起こした武士。学校の歴史でそう学んだ。後に鎌倉幕府を開く源頼朝の祖先でもある義家が、ここで生まれたと言われても俄《にわか》に信じがたい。たしか河内国の生まれではなかったか。しかし、この六条界隈は清和源氏の邸宅があった場所として知られている。となれば、あながち的外れとも思えない。

まずはお参りをし、手水舎に置かれた由来記を読む。一〇五八年の創建とあり、一一八七年には広大な土地を社地として寄進されたと記されている。源頼朝の崇敬を得て、同じ年に放生会《ほうじょうえ》を行ったようだ。放生会と言えば、京都では「石清水八幡宮」で行われるそれが有名だが、源義家は、その「石清水八幡宮」で元服したことから

〈八幡太郎〉と呼ばれるようになった武士。話はちゃんと繫がっている。

さらに時代は下って室町時代。当社は足利家の崇敬を得て益々栄え、本殿の他に、公文所や楼門、三重塔を擁する壮麗な殿舎だったという。

それが今は、こんな小さな祠だけの社が残る。変わり果てた姿にしたのは、またしても応仁の乱である。そして秀吉が行った天正の地割によって移転を余儀なくされた。東山から『方広寺』へ、そして五条坂へ。なるほど、そういうことだったのか、と納得。

夏の盛りに行われる、五条坂の陶器まつり。その元となった「若宮祭」には多くが参拝し、陶器の神さまとしても知られる『若宮八幡宮』は、この六条の地が創始だったのか。〈若宮〉は、義家誕生を祝って、父頼義《よりよし》が建立したことによる社名だろう。それもこれも、あてもなく歩き回ってこそ見つけられたもの。この祠の前の通りは若宮通。千年も前の歴史がここに刻まれている。古くは〈六条八幡〉、もしくは〈左女牛《さめうし》八幡〉と呼ばれていたという。その〈左女牛〉とは――。

京都三名水由来の『左女牛井之跡』

『若宮八幡宮』から西北方向に歩くと、町名が「若宮町」から「天使突抜《てんしつきぬけ》四丁目」へ、そして「佐女牛井町《さめがい》」へと変わる。

天使突抜はこれより北、松原通に建つ「五條天神宮《ごじょうてんしん》」に由来する地名で、上京界隈の賑わいを下京《しもぎょう》にまで広げようとした秀吉が、この社の中に道を通したことから名付けられた。五条の天神さまは、〈天使さま〉とも言われるほどに辺りの町衆から慕われていて、それを突き抜けさせた秀吉の強引さを揶揄するべく付けた地名。これもまた、形なき、秀吉の遺構である。

佐女牛井という地名は、醒ヶ井通と同じ音で読む。京都三名水のひとつに数えられた井戸に由来する。

その井戸の跡は堀川通を西に渡って、五条通のすぐ南にある。ここはかつて源氏の屋敷、世に言う〈六条堀川館〉があった場所で、室町時代には茶の湯の始祖とも称される村田珠光がこの辺りに住み、名水で茶を点てたと言われる。その後、織田有楽斎《うらくさい》、藪内家へと引き継がれ、茶の湯の隆盛に繋がった井戸。

〈六条堀川館〉と言えば、義経が静御前《しずかごぜん》と仲睦《なかむつ》まじく暮らしたと伝わる場所。この界隈が源氏と深い結び付きを持っていたことを象徴する遺構でもある。

さて、このすぐ傍には「西本願寺」があるのだが、『豊国神社』から歩くと、距離がいささか長きに過ぎる。その紹介は、また機会を改めるとして、正面通歩きはこの辺りでメるとしよう。

第七の道の美味しい店

『まつもと』

さて、ここ『まつもと』（地図K⑳）は、食堂と呼ぶべきかレストランと呼ぶべきか、大いに迷うところである。東本願寺の東北方向、東洞院通にある、小綺麗《こぎれい》なレストラン風食堂、と言っておこう。

店の表のガラスケースには、サンプルが幾つか並んでいる。さほど広くない店の中はところ狭しとテーブル席が並ぶ。ひとり客だと時分どきには相席必至になるほどの人気店。まるで目立たない店だから、殆どが常連客。その多くが日替わりランチを頼んでいる。

日替わりだから、当然その日によってメニューは異なるが、常連ともなれば何が出てきても絶対にハズレはないと確信しているのだろう。

洋食系と中華系の定食類が豊富で安い。加えて麺類や丼物もあるから、毎日来たくなるような店。目玉焼きハンバーグと海老フライのCセットがこの店では一番高価。それでも千円でお釣りがくるのも嬉しい。

迷ったあげくのチキンカツ定食。皿から溢れんばかりのチキンカツは既に切ってあるので、お箸で食べられる。たっぷり掛かった幾らか甘めのデミグラスソースがウマい。添えられたスパゲッティサラダと千切りキャベツも、ちゃんと美味しい。ご飯と味噌汁、香の物が付いて八百円以下。こういう良心的な店はいつまでも残してほしいものだ。

『招福亭《しょうふくてい》』

かつて京都には茶蕎麦を出す店が多くあった。普通の蕎麦はなく、蕎麦と言えば茶蕎麦しかない。蕎麦は喉越しだが、茶蕎麦は歯越しである。麺を嚙むときのもっちりした歯応えが最大の特徴で、見た目の緑色に比して、茶の香りはさほどでもない。実に京都らしい麺で、僕は大好きなのだが、いつの間にか茶蕎麦の店が激減してしまった。お茶を商う店が品書きに載せることもあるが、それとは少しく違って、至極当たり前のように、茶蕎麦を出す店を探し歩いている。

だから、『東本願寺』の近辺を歩いていて、ふと『招福亭』（地図K㉑）の看板が目に飛び込んできたときは、小躍りするほど嬉しかった。新町通の六条を上ってすぐ右側にあったが、近年通りの向かい側に移転し、店もいくらか広くなった。店の佇まいは変わっても出てくる料理は変わらず美味しい。

古く錦市場の近くにも同名の店があり、そこで茶蕎麦を食べることは、大きな愉しみだった。が、ずいぶんと前に店仕舞いして、悔しい思いをしたものだった。きっと間違いない、『招福亭』なら茶蕎麦があるはず。と勢い込んで店に入り、かつての店そのままのメニューが並んでいるのを見て快哉《かいさい》を叫んだ。とは大仰に過ぎるが。

数多ある麺類の店で、最も京都らしいと言えば、この店をおいて他にない。そう言い切れるほどに美味しい。出汁はいくらか甘めだが、それでも他の京都の店よりは控えめ。旨みの利いた出汁に茶蕎麦が絡むと至福の味わい。

一番のお奨めは、かけ蕎麦。丼とセットにするのも一興。僕はたいてい天とじ丼セット。海老天を卵でとじた丼に、小ぶりの茶蕎麦が付く。これが実に美味しい。にしん蕎麦、カレー蕎麦もウマい。お盆や年末年始以外はほとんど休みなく営業していて、朝十一時から夜の七時まで通し営業なのもありがたい。いつ行っても食べられる店は貴重だ。

『みやこ食堂』

『西本願寺』のちょうど西裏の辺り。花屋町通と櫛笥《くしげ》通が交わる東南角にあるのが『みやこ食堂』（地図K72）。どこにでもあるような食堂だが、今やこういう存在は貴重になってきた。

『みやこ食堂』

定休日の火曜日以外は朝九時から夜九時まで。この店もいつ行っても開いているのがありがたい。

暖簾があがる入口の両側にはガラスのショーケースが並び、サンプルメニューだけでなく、和菓子や赤飯、寿司などが並んでいる。かつては京の街なかのどこにでもこういう店があったのだが、時代の波に流され、何軒もが消えていった。

こういうお店のなにがありがたいかと言って、品数が豊富で安く、かつどれを頼んでも美味しいこと。ふらりと立ち寄って、サクッと食べて、次に移動する。そういう店はほんとうにありがたい。

この店の名物とも言えるのは〈かしわ水炊き定

食〉。あまりほかの食堂では見かけないが、かしわ、すなわち鶏肉のひとり鍋は冬だけでなく、夏でも人気のメニューのようだ。ぶつ切りの鶏肉、白菜、ネギ、豆腐にこんにゃくがスープに入っていて、添えられたポン酢で食べる。ご飯のおかずにしてもいいが、ご飯は残しておいて最後にスープに投入し、ポン酢で味付けして即席雑炊にするのもいい。

中華そばに小皿の鯖寿司かいなり寿司を付けるのもお奨め。

最近では外国人観光客も見かけるようになったが、基本は地元客に長く愛され続けている大衆食堂。たいせつにしたいものだ。

『菱屋《ひしや》』

『菱屋』（地図K㉓）はあられ屋さんで、飲食店ではないが、『みやこ食堂』と目と鼻の先にあるのでご紹介。『みやこ食堂』から花屋町通を西へ。壬生川通を越えてすぐ南側にある『菱屋』は、京都らしい上品な手焼きあられで知られる店。

〈うすばね〉と名付けられた薄焼きあられが名物。紙のように薄いあられは、どうやって焼くのだろうと驚く薄さで、嚙むのが惜しいようなはかなさが身上。ほかの店では見かけることのない白焼の薄焼きあられは、特に京名物というわけではないが、土産には最適。おなじ薄さで醤油味もあって、こちらは〈はごろも〉と名が付いている。このあたりが京都ならでは。お菓子の名前ひとつとっても風雅なのである。

『大阪屋』

七条堀川の少し東。北側にあるのが『大阪屋』（地図K㊹）。京都にあっても『大阪屋』。まずもって、この屋号が気に入った。

京へ、京へと草木もなびく。地方から京都へ移転してくる店が後を絶たない。地方では埋もれていた店が、京都へ来るといきなりの繁盛。それに続けとばかりに、地方から京都への進出ラッシュはますますヒートアップしている。

それはいいのだが、気に入らないのは屋号と店の設えである。ほとんどすべてが屋号に〈京〉を冠し、いかにも京都風、といった佇まいを演出する。いわゆる「京都モドキ」。これにコロッと騙される客が多いのだから困ったものだ。

『大阪屋』の京都風たぬきうどん

そこへいくと、この『大阪屋』。大阪出身なのかは分からないが、大阪を屋号にする気構えや良しだ。いずれは『尾張弥』のような老舗になってほしい。麺類と丼物の店だが、京都らしいうどんが名物で、普通の太さのほかに、細うどんもある。

表の看板におもしろいメニューが書いてある。〈たぬきのいろいろ〉とあって、東京風、名古屋風、大阪風、京都風のそれぞれ違いが記してある。そのどれをも、ここで食べられるというのだから愉しい。やはり、揚げの入った京都風餡かけがいい。

口コミサイトを見ると、ここのうどんを食べてコシがないのに驚いた、という書き込みがあったが、物を知らないにも程がある、と腹が立った。京都のうどんはコシなんかなくて当たり前なのだ。ふわりと柔らかい麺だから出汁がしっかり絡んで美味しい。京都のうどんは麺ではなく出汁が主役だということを、ここで食べて知るべきなのである。だから口コミサイトはあてにならない。

この店の素《す》うどんを食べれば、京都のうどんがどういうものか、はっきりと分かる。

『力餅《ちからもち》食堂』

京都には〈餅〉を店の名に付けた食堂が少なくない。力餅、大力餅、相生餅、千成餅など、市内のあちこちで見かける食堂はチェーン店のような、暖簾分けのような、独立店のような、ちょっと不思議な存在である。ひとつたしかなことは、餅系の食堂はどこもハズレがないということ。値段や味わい、店の佇まいに多少の差はあるものの、どの店に入っても概ね満足できる。

どの店も賑わってはいるが、表に行列ができるようなことは滅多にない。ピークの時間帯さえ外せばゆっくりと京都らしいうどんや丼物、定食類が味わえる。

七条通に面して建つ『力餅食堂』（地図K㊄）もそんな一軒。若宮通を西へ入ってすぐ北側。五階建ての立派なビルの一階に暖簾があがる。

ここも店の表にショーケースがあり、サンプルと料理写真、いなり寿司などが並ぶ。店に入ると小上がりとテーブル席。平日の朝十時半から昼の三時までという短い営業時間は、いつも賑わっている。ご近所さんに混ざって時折り修学旅行生の姿も見かける。

あんかけうどんといなり寿司二個。そんな組み合わせがいい。からあげをつまみにしてビールを一本。〆はきつねうどん。左党《さとう》ならそんな使い方もできるのが嬉しい。

『尾張弥《おわりや》』

烏丸七条を北に上ってすぐ、東側に暖簾をあげる『尾張弥』（地図K㊅）。京都駅から至近距離にありながらさほど混み合うこともなく、落ち着いた空気が漂っているのがいい。

京都駅ビルや地下街は、チェーン店や企業が運営する店が多くおもしろみに欠ける。加えて場所柄どうしても価格が高めになる上に、いつも混み合っていて、落ち着いて食事をするには不向きだ。

烏丸通をはさんで『東本願寺』と向かい合う一等地にありながら、意外に見逃されるのか、いつ行っても席があり、行列ができてもおかしくない立地なのに、すっと入れるのがありがたい。

近年改装されたこの店に入ると、割烹と見紛《みまが》うような設えに、ちょっとたじろぐかもしれない。玄関を入ってすぐの花生けなど実にスッキリしている。それでいて、安くて美味しいのだから言うことなしだ。

お奨めは店の名物ともなっている〈にしん蕎麦〉。甘辛く煮つけたにしんと、さらりとした蕎麦の相性は抜群。ほどよき価格で京名物を味わえるのもありがたい。こういう店をこそ穴場と呼ぶべきなのだろう。


『餃子の王将　七条烏丸店』

はて、なぜこんなチェーン店を？　と訝る向きも少なくないだろうが、この界隈でランチを、となったときに覚えておくと重宝するからであって、ふと中華料理が食べたくなって、ひとりランチなら、たまにはこういう選択肢があってもいいだろうと思う。

何より安くて美味しい。これは「餃子の王将」チェーン店に共通しているのだが、それぞれの店で独自の味付けやメニューがあって、それもまた愉しみのひとつ。

先の『尾張弥』のとなり、『東本願寺』の向かい側。烏丸七条を北に上った東側。(地図K㊆)入口を入るとカウンターが横に伸びていて、オープンキッチンからは威勢のいい声が聞こえてくる。中華鍋を振る音と共に、中華料理独特の匂いが漂い、食欲をかきたてる。

若いころならともかく、歳を重ねてくると、ラーメンと焼飯だとか、餃子と焼きそば、なんていうセットものを完食するのは厳しい。かと言って、ラーメン一杯で昼を済ますというのもなんだか寂しい。できればビールを飲んで、あれこれつまみたい。そんなときはジャストサイズメニューがいい。いわゆるハーフサイズメニューで、これはチェーン店に共通のメニューだが、この店独自の〈おつまみメニュー〉があることは存外知られていない。

〈キムチ冷奴〉、〈大人の味玉〉、〈たこ唐〉、〈味玉の天ぷら〉などなど、ミニサイズのおつまみが充実していて、ワインも置いているので、飲んべえには堪えられない。アルパカのフルボトルが一一〇〇円というのだから、サイゼリヤといい勝負だ。

おつまみを何品か頼み、ワインを一本空けて、〆はジャストサイズの炒飯か揚げそば、というのが僕のお決まりコース。美味しくて安い。京都駅のすぐ近くにこういう店があるのはなんとも嬉しいではないか。

『洋食グリルスタンド』

『鴨川食堂』という小説を書いていて、文庫の第九巻までは『東本願寺』近くの正面通にある架空の食堂を舞台にしていた。仏壇屋や法衣店、数珠屋などが建ち並ぶ、一種独特の空気が流れる界隈が気に入り、二〇一三年に執筆を始めたときから十年が経って、界隈の空気ががらりと変わったのを契機に、第十巻からは舞台を『上賀茂神社』近くに移した。

その舞台としていた場所のすぐ近くに洋食屋さんができたので、早速行ってみたが、とてもいい店で、こんな店ができると分かっていたら、移転させなかったのにと、少しばかり悔しい思いをしている、そんな店の名は『洋食グリルスタンド』(地図K㊆)。

僕の大好きな洋食がメニューにずらりと並ぶ小さな店だ。

二階建てのしもた屋に白い暖簾が掛かり、ガラス戸を通して中の様子が分かる。いい佇まいだ。

鉄板ナポリタンスパゲッティを単品で頼んだが、期待通りのビジュアルと味わいで、ボリュームも頃合いだった。カウンターだけの店でシェフひとりで切り盛りしているから、せっかちな客には向かない。予約ができないようで時分どきは混み合うので少し時間をずらすことをお奨めする。

洛東・洛南の夕食処

『聖護院 嵐《らん》まる』

京都でお奨めの夕食処はどこですか？　しばしばそんな質問をいただくが、これほどの難問はない。ジャンル、人数、好み、場所によって、それぞれお奨めする店は異なるからだ。さらにはお酒を飲むか飲まないかによっても異なり、僕は飲むほうなので、どうしても前者向けのお店を奨めることになる。

前章までお奨めしてきた夕食処も、お酒を飲みながらだと、よりいっそう愉しめる店ばかりである。もちろんお酒抜きでも充分愉しめるのではあるが。

日本酒でもワインでも焼酎でも、好みのお酒と一緒に味わう料理は多岐にわたり、中でも海の幸は店主自らの釣果がメニューに並ぶという店が洛東にあって、その名を『聖護院 嵐まる』（地図Ⅰ㊐）という。

ランチタイムはなく営業は夜だけ、というのも釣り好きの店主が昼間はしばしば海に出ているからで、自ら釣ってさばいて料理するという、海から遠い京都ではめずらしいスタイル。

もちろんそれ以外にも、目利きの主人が選んだ海鮮から肉類にいたるまで、豊富な食材を和洋中と様々にアレンジして出される料理はメニューに書ききれないほど。新鮮そのもののお造りから、鯛カツチャーハンといったオリジナルメニューもあれば、パスタや寿司もあるという嬉しいお店。なにを食べてもハズレがなく、しかも財布にやさしいのがありがたい。

店主夫妻と跡継ぎになるだろうご子息と、家族三人で切り盛りするのも好ましい。家庭的な空気がありつつ、料理は本格派でオールマイティーといいこと尽くめ。

割烹ほど肩を張らず、居酒屋よりは雅な空気が流れる店は覚えておくときっと役に立つ。

『料理処 はな』

たいていその夜に食べたいものが決まっていて、よし、今夜は日本料理だな、とか、今夜はイタリアンにしよう、から始まって店探しに移ることになるのだが、時にどうしても決められないときがある。イタリアンの口になっているのだが、日本料理も食べたい。そんなときは困る。大いに困る。まさか二軒ハシゴするわけにもいかず、泣く泣くどちらかに絞らなければいけない。

と、そんなときに重宝するのが、川端通の冷泉通《れいぜい》を少し下ったところにある『料理処 はな』（地図I㊵）。アラカルトでもコースでも、イタリアンと日本料理の両方を味わえるのだ。しかもどちらも本格派なのが嬉しい。

伊勢志摩から届くお造りから、京野菜の煮物、黒毛和牛ほほ肉赤ワイン煮込みへと進み、〆は炭焼きした鮎と自家製からすみのフェデリーニか、鯛茶漬のどちらにするか迷う、という愉しい店だ。上質ながらこなれた価格のワインも揃い、日本酒や焼酎もラインナップされているから、両方味わうのも可能だ。

店は鴨川に向かって窓を設けているので、川端通沿いの街路樹も美しく、とりわけ桜咲くころの夕暮れどきなどは絶景を見せてくれる。マンションの二階にあって目立たぬエントランスのせいか、隠れ家の空気も湛えていてほっこり和める。

『燕en』

コロナ禍の前までは、ほぼ月イチで通っていたほどのお気に入り店（地図K81）。今では拠点が遠くなったせいもあって、少し頻度が落ちてはいるが、それでも季節ごとにこの店を訪ねる習慣は続いている。

今の時代にあって、最も本来の割烹らしい店だと言っても過言ではない。基本的におまかせコースはなく、アラカルトメニューから好みの料理を選びながら夕餉《ゆうげ》を愉しむスタイルで、同好の士が多いせいもあって、店の中には穏やかな空気が流れ、いわゆる〈映《ば》え〉を目当てにする客もいないのが好ましい。

黒板メニューもあって、その日のお奨めや定番の人気メニューが混ざり合い、選ぶ愉しさを与えてくれる店は今や稀少になってきた。

料理やお酒が美味しいのはもちろん、居心地のよさも夜のお店にはだいじな要素となるが、この店は店主をはじめとしてスタッフの接客も爽やかで、極めて心地よく過ごせるのもうれしい。席数も多くない人気の店なので早めの予約は必須。京都旅を決めたら同時に予約を済ませておきたい。

おわりに

書き終えてみれば、よくぞまぁ、これだけマイナーな場所を選んだものだと、自分でも呆《あき》れている。道筋こそよく知られた通りだが、そこに立ち寄ることなど誰も考えなかっただろう場所ばかりを歩いた。

それも京都の中心地である。京都を旅する者なら、誰もが知る界隈である。わざわざ遠くまで足を延ばさずとも、京都の真ん中にはまだまだ見るべきものがある。それを見過ごすのはいかにも勿体無い。歩いてみて強く実感した。

ルート上にあるため有名どころにも立ち寄るが、その際は視点を変えることにした。こういう風に見てみると、また別の像が浮かび上がってくる。それも興味深かった。

その結果、唯一無二の京都歩き本になったと自負している。おそらくは京都人でも知らないだろう寺社も多く紹介している。

京都に十七箇所もある、世界遺産に登録されているような有名寺社を訪ねるのもいい。何をもってして、世界に誇るべき、後世にまで残すべき遺産とされているのか。そこをつぶさに観ることは、決して無意味なことではない。だが、それで終わってしまったのでは、京都の魅力の何ほども伝わらないだろうと思う。目で見たものから、様々な方向へ思いを広げ、考察を加える。なぜ「西本願寺」は登録されて、『東本願寺』はされなかったのか。そんなことを推察するヒントにもなるかと思う。

美味しい店については、道歩きの途上、ふらりと立ち寄って昼食を摂れる店を選んだ。殆どすべての店は予約も要らなければ、長い列に並ぶ必要もない。自慢のタネにはならないだろうが、貴重な時間を無駄にすることなく、ひとりでも気兼ねなく食べられる、京都ならではの美味しい店を選んだ。

新書を刊行してから年数が経過し、廃業した店も少なくなく、また営業は続いていてもすっかり雰囲気が変わってしまったところもあり、相当数入れ替えをした。加えて新書版にはなかった夕食処を加えたことで、食のガイドとしてもより充実したと自負している。

近年、京都旅は歪《いびつ》になる一方だ。それもこれも、メディアが画一的な京都を紹介し、その流れに乗ることを第一義とする旅人ばかりになったことが最大の要因だろう。

これまで誰も見向きもしなかったが、そこには京都の歴史を語る上で欠かすことのできない逸話があり、歴史的な必然があった。実はそんな寺社や遺蹟は、限りなく京都に存在している。本書でご紹介したのは、その、ほんの一部である。

中心部歩きを終えて、周辺を歩き始めたが、これが又、中心部に輪をかけておもしろい。驚きの発見もあれば、長年の疑問の氷解もある。近いうちに、この周辺部歩きの成果もご紹介したいと思っている。

今ここで、改めて京都の魅力を見直してみたい。そんな思いで本書を著した。新たな京都旅の一助になったなら幸いである。

貴船神社
鞍馬寺
由岐神社
くらま
きぶねぐち
にのせ
いちはら
にけんちゃや
きょうとせいかだいまえ
きの
いわくら
はちまんまえ
三千院
大原
367
実相院門跡
延暦寺
比叡山
鞍馬街道
こくさいかいかん
ケーブルやせ
やせひえいざんぐち
ケーブルひえい
みやけはちまん
たからがいけ
賀茂神社
宝ヶ池
深泥池
御薗橋
妙円寺
新宮神社
修学院離宮
音羽川
鷺森神社
曼殊院
しゅうがくいん
きたやま
まつがさき
半木神社
高野川
叡山本線
左京区
一乗寺下り松
いちじょうじ
詩仙堂
八大神社
きたおおじ
下鴨神社
ちゃやま・きょうとげいじゅつだいがく
天寧寺
まぐち
上御霊神社
相国寺
烏丸通
もとたなか
でまちやなぎ
いまでがわ
梨木神社
京阪鴨東線
鴨川
八神社
銀閣寺（慈照寺）
地下鉄烏丸線
京都御所
下御霊神社
哲学の道
東山区
大文字山
如意ヶ岳
まるたまち
じんぐうまるたまち
平安神宮
京都市役所
永観堂（禅林寺）
ひがしやま
けあげ
南禅寺
金地院
からすまおいけ
きょうとしやくしょまえ
さんじょう
さんじょうけいはん
日向大神宮
JR湖西線
辰巳稲荷
錦天満宮
からすま
かわらまち
ぎおん
知恩院
安養寺
山科区
しじょう
八坂神社
長楽寺
毘沙門堂
河原町通
烏丸通
建仁寺
高台寺
地下鉄東西線
みささぎ
やましな
諸羽神社
ごじょう
きよみずごじょう
八坂の塔
安祥院
地主神社
おいわけ
渉成園
方広寺
清水寺
けいはんやましな
やましな
しのみや
しちじょう
妙法院
智積院
三十三間堂
東海道本線
きょうと
万寿寺
ひがしの
とうふくじ
くじょう
東海道新幹線
東福寺
とばかいどう
なぎつじ
じゅうじょう
ふしみいなり
伏見稲荷
いなり
伏見区
ふかくさ
奈良線
名神高速道路
くいなばし
ふじのもり
地下鉄東西線
おの
奈良街道
たけだ
藤森神社
近鉄京都線
京阪本線
だいご
醍醐寺
JRふじのもり
外環状線
いしだ

京都市内広域図
栂尾
槇尾
高山寺
神護寺
西明寺
高雄
嵐山高雄パークウェイ
右京区
北区
常照寺
源光庵
光悦寺
金閣寺（鹿苑寺）
船岡山
大徳
上京
大報恩寺
（千本釈迦
龍安寺
等持院
仁和寺
北野天満宮
大覚寺
嵯峨嵐山
妙心寺
達磨寺（法輪寺）
千本通
うたの
おむろ
にんなじ
りょうあんじ
とうじいん
きたの
はくばいちょう
みょうしんじ
なるたき
ときわ
うずまさ
嵐電北野線
はなぞの
えんまち
トロッコ
あらしやま
さがあらしやま
トロッコさが
山陰本線
二条
天龍寺
広隆寺
あらしやま
らんでんさが
ろくおういん
くるまざき
じんじゃ
ありすがわ
かたびら
のつじ
うずまさこうりゅうじ
うずまさてんじんがわ
にしおおじおいけ
にじょう
嵐山
かいこのやしろ
らんでんてんじんがわ
やまのうち
にしおおじさんじょう
嵐電嵐山本線
さい
さいいん
梅宮大社
松尾大社
まつおたいしゃ
阪急嵐山線
桂川
山陰道
西大路通
たんばぐち
うめこうじ
きょうとにし
西芳寺（苔寺）
にしきょうごく
天神川
かみかつら
西京区
桂離宮
かつら
JR京都線（東海道本線）
にしおおじ
東寺
南区
阪急京都本線
かつらがわ
らくさいぐち
向日市
むこうまち
ひがしむこう
東海道新幹線
N

A
北山通
紫竹通
紫竹南通
船岡東通
24
26
あ
1
2
今宮通
一心寺
4
芳春院
龍翔寺
高桐院
大徳寺
い
龍光院
大宮通
大徳寺通
14
13
3
千本北大路
北大路通
16
17
堀川北大路
181
雲林院
お
堀川通
金閣寺前
紫野
船岡山公園
う
今宮神社 御旅所
15
え
建勲通
25
西大路通
31
堀川紫明
鞍馬口通
千本鞍馬口
大宮通
廬山寺通
き
廬山寺通
寺之内通
千本寺之内
く
千本通
浄福寺通
こ
さ
上立売通
智恵光院通
し
大報恩寺
(千本釈迦堂)
5
6
五辻通
せ

B
廬山寺通
寺之内通
千本寺之内
千本通
く
さ
こ
上立売通
し
紋屋図子
31
5
五辻通
す
せ
そ
6
7
19
今出川通
け
8
11
21
浄福寺通
中筋通
9
千本今出川
智恵光院通
元誓願寺通
20
笹屋町通
大宮通
ち
た
22
一条通
千本通
上京区
西陣京極
18
中立売通
10
23
千本中立売
仁和寺街道
上長者町通
下ノ森通
七本松通
六軒町通
下長者町通
12
出水通
裏門通
大宮通
黒門通
と
つ
な
に
て
ぬ
下立売通
堀川下立売通
丸太町通
千本丸太町
聚楽廻
日暮通
N
111
二条城

C
同志社女子大
今出川通
賀茂大橋
でまちやなぎ
でまちやなぎ
52
今出川御門
河原町今出川
31
石薬師御門
32
鴨川公園
京都御所
ふ
寺町通
河原町通
梨木神社
府立医大
大宮御所
荒神口通
荒神橋
34
35
京都大学
薬学部
じんぐうまるたまち
51
河原町丸太町
聖護院
ま
丸太町通
下御霊神社
寺町通
新烏丸通
新椹木町通
夷川通
高倉通
堺町通
柳馬場通
富小路通
麸屋町通
御幸町通
37
河原町通
鴨川
京阪鴨東線
二条通
京都市役所

D
今出川通
上京区役所
いまでがわ
堀川今出川
烏丸今出川
ね
晴明神社
武者小路通
の
38
一条通
京都御所
ふ
32
中立売通
新町通
烏丸通
堀川通
上長者町通
27
中長者町通
下長者町通
36
は
へ
京都府庁
出水通
28
下立売通
ひ
29
30
み
ほ
西洞院通
38
椹木町通
堀川丸太町
烏丸丸太町
丸太町通
まるたまち
丸太町通
33
竹屋町通
堀川通
夷川通
東堀川通
油小路通
小川通
西洞院通
釜座通
新町通
衣棚通
室町通
両替町通
烏丸通
車屋町通
東洞院通
間之町通
高倉通
二条通
367
H
押小路通
にじょうじょうまえ

E
河原町通
鴨川
京都市役所
河原町御池
きょうとしやくしょまえ
京阪鴨東線
本能寺
天性寺
矢田寺
三条大橋
さんじょう
さんじょうけいはん
三条大橋
河原町三条
新京極通
裏寺町通
花見小路通
東大路通
縄手通
辰巳大明神
巽橋
木屋町通
先斗町通
高瀬川
河原町通
寺町通
よ
ゆ
ら
や
四条大橋
40
39
42
きょうとかわらまち
四条通
41
44
も
43
一力亭
む
祇園
46
四条河原町
ぎおんしじょう
南座
祇園
団栗橋
大和大路通
宮川町通
建仁寺
圓徳院
寺町通
木屋町通
高瀬川
川端通
45
恵美須神社
安井金比羅宮
32
松原橋
宮川筋
八坂通
八坂の塔
か
松原通
東山区役所
あじき路地
六波羅蜜寺
きよみずごじょう
大黒町
143
五条大橋
五条大橋
五条通
晴鴨楼
東山五条
1

F
押小路通
烏丸御池
地下鉄東西線
御池通
からすまおいけ
姉小路通
西洞院通
三条通
富小路通
麩屋町通
卍 六角堂(頂法寺)
六角通
地下鉄烏丸線
蛸薬師通
錦市場
錦小路通
53
四条通
からすま
至下図
四条烏丸
阪急京都線
H
しじょう
わ
り
47
綾小路通
高倉通
堺町通
柳馬場通
足袋屋町
北菅大臣神社
仏光寺通
る
卍 仏光寺
塗師屋町
ろ
烏丸通
富小路通
麩屋町通
御幸町通
れ
高辻通
烏丸高辻
卍 平等寺(因幡薬師)
東中筋通
西洞院通
若宮通
新玉津嶋神社
松原通
五條天神宮
新町通
小田原町通
室町通
367
不明門通
東洞院通
高倉通
万寿寺通

G
にしおおじさんじょう
三条通
西大路通
御前通
七本松通
嵯峨野線(山陰本線)
38
堀川通
洛中小
ん
め
中京区
千本通
西大路四条
四条通
48
四条大宮
四条通
さいいん
さい
を
50
おおみや
しじょうおおみや
49
四条堀川
京福嵐山本線
佐井通
壬生
卍 壬生寺
坊城通
壬生通
大宮通
黒門通
猪熊通
岩上通

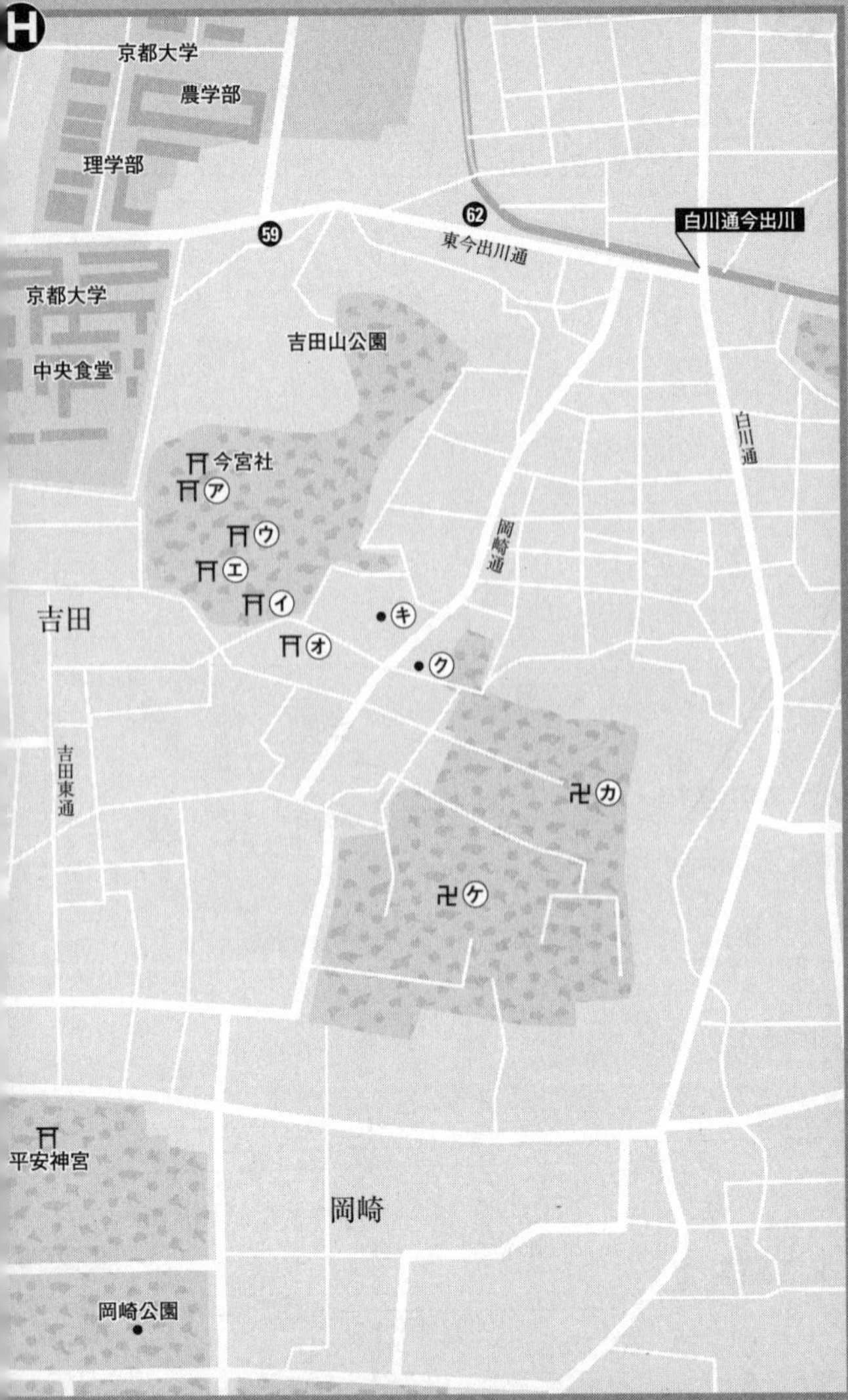
H
京都大学
農学部
理学部
59
62
東今出川通
白川通今出川
京都大学
中央食堂
吉田山公園
白川通
今宮社
ア
ウ
岡崎通
エ
イ
キ
吉田
オ
ク
吉田東通
カ
ケ
平安神宮
岡崎
岡崎公園

1
河合橋
出町橋
でまちやなぎ
でまちやなぎ
賀茂大橋
鞠小路通
知恩寺(百萬遍)
百万遍
今出川通
工学部
京都大学総合博物館
体育館
京都大学
教育学部
鴨川公園
左京区役所
東一条通
60
東山東一条
58
東大路通
医学部
鞠小路通
近衛通
61
東山近衛
荒神橋
181
川端通
京都大学
薬学部
京都大学病院
56
57
64
じんぐうまるたまち
聖護院
65
55
54
春日北通
丸太町通
京阪鴨東線
63
東山丸太町
79
平安神宮
鴨川
冷泉通
80
東山二条
三条通

J
四条通
阪急京都線
かわらまち
四条河原町
四条大橋
ぎおんしじょう
南座
祇園
高倉通
堺町通
柳馬場通
綾小路通
足袋屋町
仏光寺通
仏光寺
塗師屋町
富小路通
麩屋町通
御幸町通
寺町通
高辻通
団栗橋
大和大路通
建仁寺
宮川町通
川端通
木屋町通
高瀬川
恵美須神社
45
32
夕顔石碑
松原通
松原橋
宮川筋
八坂通
か
高倉通
万寿寺通
あじき路地
六波羅蜜寺
松原通
きよみずごじょう
大黒町
河原町五条
五条通
五条大橋
テ
富小路通
五条大橋
五条通
ト
67
市比賣神社
六条通
東山五条
本町通
大黒町通
東山区
問屋町通
丸福楼
(旧山内任天堂)
H
タ
66
ソ
東大路通
チ
正面橋
正面通
西木屋町通
鴨川
セ
七条大橋
しちじょう
七条通
高瀬川
七条大橋
東山七条
河原町七条
智積院
三十三間堂
塩小路通
東海道本線
東海道新幹線
143
師団街道
本町通
奈良線
24

K
四条大宮
おおみや
しじょうおおみや
四条通
四条堀川
四条通
からすま
しじょう
綾小路通
大宮通
黒門通
猪熊通
岩上通
堀川通
醒ヶ井通
油小路通
菅大臣神社
仏光寺通
地下鉄烏丸線
高辻通
38
高辻通
東中筋通
松原通
新玉津嶋神社
五條天神宮
西洞院通
若宮通
新町通
小田原町通
室町通
367
不明門通
東洞院通
大宮通
瑞雲院
堀川五条
烏丸五条
烏丸通
五条通
1
五条大宮
諏訪町通
ごじょう
楊梅通
鍵屋町通
68
70
櫛笥通
下松屋通
壬生川通
下京区
六条通
69
71
新花屋町通
花屋町通
花屋町通
73
72
旧花屋町通
上数珠屋町通
78
1
西本願寺
東本願寺
24
正面通
正面通
下数珠屋町通
北小路通
興正寺
76
77
七条大宮
74
75
七条通
七条堀川
堀川通
下京区役所
塩小路通
きょうと
京都
東海道新幹線
大宮通
八条通
油小路通
烏丸通
針小路通
81
東寺通

地下鉄烏丸線「京都」駅より徒歩約 4 分

p.287〜288【地図 K】

⑰餃子の王将 七条烏丸店

京都市下京区烏丸通七条上ル桜木町 96-10
TEL ／ 075-351-8145
営業時間／ 11:00 〜 22:00 L.O.　年中無休
地下鉄烏丸線「京都」駅より徒歩約 3 分

p.289〜290【地図 K】

⑱洋食グリルスタンド

京都市下京区東洞院通正面上ル筒金町 51-2
TEL ／ 075-746-5770
営業時間／ 11:30 〜 14:00 L.O.　17:30 〜 20:30 L.O.　火曜休
地下鉄烏丸線「五条」駅より徒歩約 7 分
https://grillstand.jp/

p.290〜291【地図 K】

洛東・洛南の夕食処……………………………………………………………

⑲聖護院 嵐まる

京都市左京区聖護院山王町 28-58
TEL ／ 075-761-7738
営業時間／ 17:30 〜 0:30　月曜休
京阪鴨東線「神宮丸太町」駅より徒歩約 8 分

p.291〜292【地図 I】

⑳料理処 はな

京都市左京区川端二条上ル新生洲町 104 番地エイヴァク鴨川Ⅱ 2F
TEL ／ 075-751-5757
営業時間／ 17:00 〜 22:00 L.O.　日曜休（月曜が祝日の場合は、日曜営業・月曜休）
京阪鴨東線「神宮丸太町」駅より徒歩約 3 分
http://ryouridocoro-hana.com/

p.293【地図 I】

㉑燕 en

京都市南区東九条西山王町 15-2
TEL ／ 075-691-8155
営業時間／ 17:00 〜 23:00　日曜休（祝日の月曜休）
JR「京都」駅八条口より徒歩約 5 分

p.294【地図 K】

曜・水曜のみ休）
地下鉄烏丸線「五条」駅より徒歩約5分、JR「京都」駅烏丸口より徒歩約12分
https://www.kyo-namafu.co.jp/

p.276【地図K】

⑰まつもと
京都市下京区東洞院通的場角和泉町539
TEL／075-351-3785
営業時間／11:30～19:00　日曜・祝日休
地下鉄烏丸線「五条」駅より徒歩約4分

p.280～281【地図K】

⑱茶そば　招福亭
京都市下京区新町通六条上ル艮町894
TEL／075-351-6111
営業時間／11:00～19:00　不定休
地下鉄烏丸線「五条」駅より徒歩約4分

p.281～282【地図K】

⑲みやこ食堂
京都市下京区花屋町通櫛笥東入ル裏片町191-1
TEL／075-351-7693
営業時間／9:00～21:00　火曜休
JR山陰本線「丹波口」駅より徒歩約11分

p.283～284【地図K】

⑳菱屋
京都市下京区薬園町157
TEL／075-351-7635
営業時間／9:00～19:00　不定休
JR山陰本線「丹波口」駅より徒歩約10分

p.284～285【地図K】

㉑大阪屋
京都市下京区七条通堀川東入ル北側土橋町199
TEL／075-371-3938
営業時間／月曜・火曜10:30～14:00　木曜～日曜10:30～17:00　水曜休
JR「京都」駅烏丸口より徒歩約10分

p.285～286【地図K】

㉒力餅食堂
京都府京都市下京区夷之町699
TEL／075-371-3867
営業時間／10:30～15:00　土曜・日曜休
JR「京都」駅烏丸口より徒歩約7分

p.287【地図K】

㉓尾張弥
京都市下京区烏丸通七条上ル粉川町227
TEL／075-371-8932
営業時間／11:30～17:00　月曜休

営業時間／6:30～18:00　土曜休
京阪鴨東線「神宮丸太町」駅より徒歩約7分

p.244～245【地図I】

64らんたん
京都市左京区聖護院西町12
TEL／075-761-9545
営業時間／11:00～14:00　水曜休
京阪鴨東線「神宮丸太町」駅より徒歩約9分

p.245～246【地図I】

65かく谷老舗
京都市左京区聖護院山王町39
TEL／075-771-2934
営業時間／11:00～15:00　17:00～21:00 L.O.　土曜・日曜・祝日休
市バス「熊野神社前」下車徒歩約1分、京阪鴨東線「神宮丸太町」駅より徒歩約8分
https://kakutani-rouho.com/

p.246～247【地図I】

第七の道……………………………………………………………………………

66甘春堂 東店
京都市東山区大和大路通正面下ル茶屋町511-1
TEL／075-561-1318
営業時間／9:00～17:00　年中無休（臨時休業あり、元日は休業）
京阪本線「清水五条」駅より徒歩約8分
https://www.kanshundo.co.jp/

p.256【地図J】

67開化堂
京都市下京区河原町六条東入ル梅湊町84-1
TEL／075-351-5788
営業時間／9:00～18:00　日曜・祝日・第2第4月曜休
京阪本線「清水五条」駅より徒歩約5分

p.263～264【地図J】

68今西軒
京都市下京区烏丸五条西入ル一筋目下ル横諏訪町312
TEL／075-351-5825
営業時間／9:30～売り切れまで　火曜休、第1・3・5月曜休（6～8月は月・火定休）
地下鉄烏丸線「五条」駅より徒歩約2分

p.273【地図K】

69京なまふ 麩藤
京都市下京区六条通若宮東入ル若宮町536
TEL／075-351-1170
営業時間／10:30～14:30　月曜・水曜・土曜・日曜・祝日休（12月は日

営業時間／11:00 ～ 19:00 L.O.　火曜休
市バス「熊野神社前」下車徒歩約3分

p.235～236【地図I】

㊽京都 天ぷら かふう
京都市左京区吉田神社鳥居前（京都大学正門前）
TEL ／ 075-761-9060
営業時間／11:30 ～ 13:45 L.O.　17:00 ～ 19:30 L.O.　日曜・月曜休（7月29日～9月30日の土曜日休）
市バス「京大正門前」下車徒歩約3分、または京阪鴨東線「出町柳」駅より徒歩約15分
http://www.t-kafuu.com/

p.237～238【地図I】

㊾玉蘭
京都市左京区吉田本町26
TEL ／ 075-751-0124
営業時間／11:00 ～ 14:00　17:00 ～ 20:00　土曜・祝日は夜営業なし、日曜休
市バス「京大農学部前」下車徒歩約2分、または京阪鴨東線「出町柳」駅より徒歩約15分

p.238～240【地図H】

㊿クラークハウス
京都市左京区東一条西入ル 日本イタリア会館前
TEL ／ 075-751-7131
営業時間／7:30 ～ 18:30
市バス「京大正門前」下車すぐ
https://www.clarkhouse-kyoto.com/

p.240～241【地図I】

61グリル満佐留
京都市左京区吉田下阿達町16
TEL ／ 075-771-6905
営業時間／11:30 ～ 14:30　17:30 ～ 21:30　日曜休
京阪鴨東線「神宮丸太町」駅より徒歩約8分
https://grillmasaru.business.site/

p.242【地図I】

62戸隠流そば打ち処　實徳
京都市左京区北白川久保田町57-5
TEL ／ 075-722-3735
営業時間／12:00 ～ 14:00　18:00 ～ 21:30（日曜・祝日は12:00 ～ 15:00のみ）火曜休（店主の花粉症対策休業期間：3月21日頃～4月20日頃）
市バス「銀閣寺道」下車徒歩約2分、または「北白川」下車徒歩約2分
http://www.soba-minori.com/

p.243【地図H】

63はとや食堂
京都市左京区聖護院山王町43-1
TEL ／ 075-771-5595

p.197〜199【地図 C】

52 西角
京都市上京区出町桝形
TEL / 075-241-1571
営業時間 / 12:00 〜 13:30 L.O.（前日までの予約のみ）17:30 〜 21:00 L.O.
水曜・第 3 火曜休
京阪鴨東線「出町柳駅」より徒歩約 5 分
http://www.kyoto-saikaku.com/

p.198〜199【地図 C】

53 うらやま京色
京都市中京区錦小路通烏丸西入ル占出山町 310-7
TEL / 075-744-0160
営業時間 / ランチ（平日のみ）11:30 〜 13:30 L.O.　17:00 〜 23:00 L.O.　日曜休
阪急京都本線「烏丸駅」より徒歩約 2 分、または地下鉄烏丸線「四条駅」より徒歩約 2 分
https://www.kyosyoku.com/urayama.html

p.199〜200【地図 F】

第六の道……………………………………………………………………………

54 聖護院八ツ橋総本店
京都市左京区聖護院山王町 6
TEL / 075-752-1234
営業時間 / 9:00 〜 18:00　無休
京阪鴨東線「神宮丸太町」駅より徒歩約 7 分
http://www.shogoin.co.jp/

p.226〜227【地図 I】

55 肉専科はふう　聖護院
京都市左京区聖護院山王町 8
TEL / 075-708-8270
営業時間 / 11:30 〜 13:30 L.O.　17:30 〜 21:30 L.O.　火曜休
京阪鴨東線「神宮丸太町」駅より徒歩約 10 分
https://hafuu.com/

p.233〜234【地図 I】

56 ビィヤント
京都市左京区聖護院西町 12
TEL / 075-751-7415
営業時間 / 11:00 〜 15:30　17:30 〜 21:00　土曜休
市バス「熊野神社前」下車すぐ

p.234〜235【地図 I】

57 河道屋　養老
京都市左京区聖護院西町 2
TEL / 075-771-7531

㊻永正亭
京都市下京区寺町通四条下ル貞安前之町 611
TEL ／ 075-351-1970
営業時間／ 11:00 ～ 19:00　水曜休
阪急京都線「京都河原町」駅より徒歩約 5 分

p.190～191【地図 E】

㊼カフェヨロズ
京都市下京区四条町新町下
TEL ／ 075-343-4912
営業時間／ 11:00 ～ 14:00　土曜・日曜休
地下鉄烏丸線「四条」駅より徒歩約 5 分

p.191～192【地図 F】

㊽京一本店
京都市中京区壬生坊城町 1
TEL ／ 075-842-0385
営業時間／ 11:00 ～ 21:30　木曜休
京福嵐山線「四条大宮」駅より徒歩約 1 分

p.193～194【地図 G】

㊾ヤオイソ四条大宮店
京都市下京区四条大宮東入ル立中町 488
TEL ／ 075-841-0353
営業時間／パーラー 9:00 ～ 16:30 L.O. 、果物店 9:00 ～ 18:00　無休
京福嵐山線「四条大宮」駅より徒歩約 2 分
http://yaoiso.com/

p.194～195【地図 G】

㊿洋食彩酒　アン プリュス
京都市中京区壬生賀陽御所町 64-18 マキシムⅢ 1F
TEL ／ 075-468-1987
営業時間／ 11:30 ～ 13:30 L.O.　18:00 ～ 21:00 L.O.
阪急京都線「大宮」駅より徒歩約 3 分、または京福電鉄「四条大宮」駅より徒歩約 3 分
http://une-plus.com/

p.195～196【地図 G】

洛中の夕食処……………………………………………………………………

51割烹しなとみ
京都市上京区信富町 315-4
TEL ／ 075-366-4736
営業時間／ 17:30 ～最終入店 20:00　木曜休、月 2 回不定休
京阪鴨東線「神宮丸太町」駅より徒歩約 10 分、または地下鉄「市役所前」駅より徒歩約 10 分
https://shinatomi.com/

場合は翌日休）
京阪本線「祇園四条」駅より徒歩約3分
http://www.kagizen.co.jp/

p.152〜153【地図E】

㊵レストラン菊水
京都市東山区四条大橋東詰祇園
TEL／075-561-1001
営業時間／10:00〜21:30 L.O.　無休
京阪本線「祇園四条」駅よりすぐ
http://www.restaurant-kikusui.com

p.155〜157【地図E】

㊶東華菜館 本店
京都市下京区四条大橋西詰
TEL／075-221-1147
営業時間／11:30〜21:00 L.O.
京阪本線「祇園四条」駅よりすぐ、阪急京都線「京都河原町」駅よりすぐ
無休
https://www.tohkasaikan.com/

p.157〜158【地図E】

㊷いづ重
京都市東山区祇園町北側292-1
TEL／075-561-0019
営業時間／10:00〜18:30 L.O.　水曜休（祝日の場合、翌日休）
京阪本線「祇園四条」駅より徒歩約10分、八坂神社西の楼門より30秒
http://izujugion.wix.com/izuju

p.184〜186【地図E】

㊸ NOEN（ノウエン）
京都市東山区祇園町南側571 四条花見小路西南角
TEL／075-561-8021
営業時間／9:00〜20:00 L.O.　火曜休（祝日の場合、翌日休のことも）
京阪本線「祇園四条」駅より徒歩約5分

p.186〜187【地図E】

㊹祇をん松乃
京都市東山区四条南座東四軒目
TEL／075-561-2786
営業時間／11:30〜20:30 L.O.　不定休
京阪本線「祇園四条」駅より徒歩約1分、または阪急京都線「京都河原町」駅より徒歩約5分
http://matsuno-co.com/

p.187〜188【地図E】

㊺二葉
京都市東山区宮川筋301-2
TEL／075-561-3177
京阪本線「祇園四条」駅より徒歩約3分

p.189〜190【地図E】

ランチ（月～金のみ）11:30 ～ 14:00 L.O.　ディナー 17:30 ～ 22:00 L.O.　日曜休、不定休
市バス「烏丸丸太町」下車徒歩約 3 分
https://ibarakikyoto.localinfo.jp/

p.137～138【地図 D】

㉞新福菜館 府立医大前店
京都市上京区上生洲町 197-6
TEL ／ 075-212-7698
営業時間／ 11:00 ～ 22:00　水曜休
京阪鴨東線「神宮丸太町」駅より徒歩約 5 分

p.138～139【地図 C】

㉟大多福
京都市上京区上生洲町 214
TEL ／ 075-744-1743
営業時間／ 11:30 ～ 14:30　17:30 ～ 23:00 L.O.　火曜休
京阪本線「神宮丸太町」駅より徒歩約 6 分

p.139～140【地図 C】

㊱喫茶茶の間
京都市上京区下長者町室町西入ル南側
TEL ／ 075-441-7615
営業時間／ 7:30 ～ 17:00（カレーなどのフードメニューは 11:00 から）
土曜・日曜・祝日休

p.141～142【地図 D】

㊲末廣
京都市中京区寺町通二条上ル要法寺前町 711
TEL ／ 075-231-1363
営業時間／ 11:00 ～ 15:00（テイクアウトは～ 18:00、売切れ次第閉店）月曜・火曜休
地下鉄東西線「京都市役所前」駅より徒歩約 5 分
https://sushi-suehiro.jp/index.html

p.142～144【地図 C】

㊳ポパイ
京都市上京区釜座通椹木町下る夷川町 375
TEL ／ 075-221-3594
営業時間／ 11:00 ～ 15:00　日曜休
地下鉄烏丸線「丸太町」駅より徒歩 7 分

p.144～145【地図 D】

第五の道

㊴鍵善良房 本店
京都市東山区祇園町北側 264
TEL ／ 075-561-1818
営業時間／お菓子 9:30 ～ 18:00　喫茶 10:00 ～ 17:30 L.O.　月曜休（祝日の

第四の道……………………………………………………………………………………

㉗澤井醤油本店
京都市上京区中長者町通新町西入ル仲之町 292
TEL ／ 075-441-2204
営業時間／ 9:00 ～ 17:00（日曜・祝日は 10:30 ～ 15:30） 不定休
地下鉄烏丸線「丸太町」駅より徒歩約 10 分
http://sawai-shoyu.shop-pro.jp/

p.113～114【地図 D】

㉘山田松香木店
京都市上京区勘解由小路町 164
TEL ／ 075-441-1123
営業時間／ 10:30 ～ 17:00　年末年始・お盆休
地下鉄烏丸線「丸太町」駅より徒歩約 7 分
https://www.yamadamatsu.co.jp/index.html

p.114～115【地図 D】

㉙麩嘉
京都市上京区西洞院通椹木町上ル東裏辻町 413
TEL ／ 075-231-1584
営業時間／ 9:00 ～ 17:00　月曜休
地下鉄烏丸線「丸太町」駅より徒歩約 10 分
https://fuka-kyoto.com/

p.124【地図 D】

㉚入山豆腐店
京都市上京区椹木町通油小路北東角　東魚屋町 347
TEL ／ 075-241-2339
営業時間／ 9:30 ～ 18:00　日曜・第 3 月曜休
地下鉄烏丸線「丸太町」駅より徒歩約 8 分

p.125【地図 D】

㉛御所雲月
京都市上京区寺町通今出川下ル真如堂前町 118
TEL ／ 075-223-5087
営業時間／ 12:00 ～ 14:00　18:00 ～ 20:00（最終入店）不定休
市バス「河原町今出川」下車徒歩約 2 分

p.135～136【地図 C】

㉜京都御苑　中立売休憩所　レストラン檜垣茶寮
京都市上京区京都御苑 3
TEL ／ 075-223-2550
営業時間／喫茶 10:00 ～ 15:30 L.O.　御膳・軽食 11:00 ～ 15:30 L.O.
地下鉄烏丸線「今出川」下車徒歩約 5 分
https://nakadachiuri.jp/restaurant/

p.136～137【地図 D】

㉝料理・ワイン イバラキ
京都市中京区丸太町通高倉西入坂本町 701
TEL ／ 075-211-5030

p.96〜97【地図 B】

㉑西陣魚新

京都市上京区中筋通浄福寺西入ル中宮町 300
TEL ／ 075-441-0753
営業時間／ 11:30 〜 14:00　17:00 〜 22:00（12 月 24 日〜 1 月 4 日は休業）不定休
市バス「今出川浄福寺」バス停下車すぐ
https://www.nishijin-uoshin.co.jp/

p.97〜98【地図 B】

㉒鳥よし

京都市上京区千本通一条上ル東側
TEL ／ 075-451-2151
営業時間／ 12:00 〜 14:00　16:30 〜 22:00　月曜休
市バス「千本中立売」下車徒歩すぐ、または「千本今出川」下車徒歩すぐ
http://www.kyoto-senbon.or.jp/toriyosi/

p.98〜99【地図 B】

㉓つち福

京都市上京区千本通中立売下ル亀屋町 55
TEL ／ 075-462-1904
営業時間／ 11:30 〜 16:00　18:00 〜翌 1:00（土曜・祝日は 21:00 まで）日曜休
市バス「千本中立売」下車徒歩約 1 分

p.99〜100【地図 B】

洛北・西陣の夕食処……………………………………………………………

㉔うたかた

京都市北区紫竹西桃ノ本町 53
TEL ／ 075-495-3344
営業時間／ 17:30 〜 23:00（完全予約制）不定休
地下鉄烏丸線「北大路」より徒歩約 13 分

p.101〜102【地図 A】

㉕わか枚

京都市北区衣笠街道町 5
TEL ／ 075-600-9256
営業時間／ 11:30 〜 13:30 入店　17:30 〜 22:00　月曜休
市バス「金閣寺道」下車徒歩約 2 分

p.103【地図 A】

㉖雄飛

京都市北区紫竹西南町 70-6
TEL ／ 080-8533-8880
完全予約制
市バス「紫竹上野町」下車徒歩約 1 分

p.104【地図 A】

http://www.daitokuji-ikkyu.jp/

p.88～89【地図 A】

⑭大徳寺納豆 本家 磯田

京都市北区紫野下門前町 41（大徳寺東門前）
TEL ／ 075-491-7617
営業時間／ 9:00 ～ 19:00　火曜（祝日の場合は翌日休）
市バス「大徳寺前」下車徒歩約 3 分
http://www.honke-isoda.com/

p.89～90【地図 A】

⑮御旅飯店

京都市上京区北大路大宮下東側 108
TEL ／ 075-432-3065
営業時間／ 11:00 ～ 14:30,　17:00 ～ 23:00　水曜休
地下鉄烏丸線「鞍馬口」駅より徒歩約 14 分

p.90～91【地図 A】

⑯北京亭本店

京都市北区紫野下若草町 17-1
TEL ／ 075-441-6934
営業時間／昼 11:30 ～ 15:00　17:00 ～ 23:00（土曜は 11:30 ～ 23:00、日曜は 22:00 まで）年中無休（臨時休業をのぞく）
市バス「船岡山」下車徒歩すぐ

p.91～92【地図 A】

⑰手作り洋食の店 おおさかや

京都市北区紫野下御輿町 7
TEL ／ 075-451-5524
営業時間／ 11:30 ～ 14:30 L.O.　18:00 ～ 21:30 L.O.　水曜・木曜夜休
市バス「千本北大路」下車徒歩約 2 分

p.93～94【地図 A】

⑱お酒とお料理 おまち

京都市上京区三軒町 65-32 北野ハイツ 102
営業時間／ 12:00 ～ 20:30 L.O.　日曜休、不定休
市バス「千本中立売」下車徒歩約 3 分
https://www.instagram.com/omachi_3kencho/tagged/

p.94～95【地図 B】

⑲とんが

京都市上京区今出川浄福寺通上ル
TEL ／ 075-441-4361
営業時間／ 11:30 ～ 14:00　17:00 ～ 20:30　火曜休
市バス「今出川浄福寺」下車徒歩約 1 分

p.95～96【地図 B】

⑳せんぼんぐらばー館

京都市上京区千本通笹屋町上ル笹屋 4 丁目
TEL ／ 075-463-6868
営業時間／ 11:30 ～ 14:00　17:00 ～ 21:00（日・祝は夜のみ）　水曜・土曜休
市バス「千本中立売」下車徒歩約 2 分

http://www.echigoya-kasutera.com/

p.53〜54【地図 B】

❽静香
京都市上京区今出川通千本西入ル南側
TEL ／ 075-461-5323
営業時間／ 10:00 〜 19:00　第 2・第 4 日曜休（25 日の場合は営業）
市バス「千本今出川」下車徒歩約 3 分

p.56【地図 B】

第三の道……………………………………………………………………………………

❾本家玉壽軒
京都市上京区今出川通大宮東入ル元伊佐町 262
TEL ／ 075-414-0319
営業時間／ 8:30 〜 17:30　水曜・日曜休（高砂饅頭のみ要予約）
市バス「堀川今出川」下車徒歩約 5 分

p.71〜72【地図 B】

❿ルミナール
京都市上京区中立売通千本西入ル亀屋町 692
TEL ／ 075-465-8485
営業時間／ 7:00 〜 19:30　日曜・祝日休
市バス「千本中立売」下車徒歩約 1 分

p.77〜78【地図 B】

⓫大正製パン所
京都市上京区今出川通千本東入ル般舟院前町 136
TEL ／ 075-441-3888
営業時間／ 8:30 〜 18:00　日曜・月曜・祝日休
市バス「千本今出川」下車徒歩約 1 分
https://taishoseipan.wixsite.com/info

p.78〜79【地図 B】

⓬アカネ BAKERY
京都市上京区西辰巳町 106 谷ビル 1F
TEL ／ 075-285-2531
営業時間／平日 8:00 〜 19:00　土日祝 9:00 〜 19:00　水曜・木曜休＋不定休
市バス「堀川下長者」下車徒歩約 5 分、または「丸太町智恵光院」下車徒歩約 7 分
https://www.akanebakery.com/

p.79【地図 B】

⓭大徳寺一久
京都市北区紫野大徳寺下門前町 20
TEL ／ 075-493-0019
営業時間／大徳寺納豆 9:00 〜 19:00　精進料理 12:00 〜 18:00（入店、要予約）不定休
市バス「大徳寺前」下車すぐ

❷あぶり餅　一和（一文字屋和輔）
京都市北区紫野今宮町 69
TEL ／ 075-492-6852
営業時間／ 10:00 ～ 17:00　水曜・日曜・祝日休、毎月 1・15 日休（水曜に重なる場合は翌日休）不定休あり
市バス「今宮神社前」下車すぐ、または市バス「船岡山」下車徒歩約 7 分
p.20～21【地図 A】

❸松屋藤兵衛
京都市北区北大路紫野大徳寺前
TEL ／ 075-492-2850
営業時間／ 9:00 ～ 18:00　木曜休（不定休あり）
市バス「大徳寺前」下車すぐ、または市バス「建勲神社前」下車徒歩約 4 分
p.30～32【地図 A】

❹大徳寺さいき家
京都市北区紫野上門前町 76
TEL ／ 075-492-1625
営業時間／ 10:00 ～ 16:00　火曜休（火曜が祝日の場合は翌水曜休）
市バス「下鳥田町」下車徒歩約 3 分、または市バス「大徳寺前」下車徒歩約 5 分
https://www.saikiya.com/
p.33～34【地図 A】

第二の道……………………………………………………………………

❺五辻の昆布
京都市上京区五辻通千本東入ル西五辻東町 74-2
TEL ／ 075-431-0719
営業時間／ 9:00 ～ 18:00（祝日は 17:00 まで）日曜休
市バス「千本今出川」下車徒歩約 5 分
http://itutuji.com/
p.50～51【地図 A，B】

❻千本玉壽軒
京都市上京区千本通今出川上ル上善寺町 96
TEL ／ 075-461-0796
営業時間／ 8:30 ～ 19:30　水曜休（夏季の生菓子は要予約）
市バス「千本今出川」下車徒歩約 5 分
https://sentama.co.jp/
p.51～52【地図 A，B】

❼越後家多齢堂
京都市上京区今出川通千本東入ル
TEL ／ 075-431-0289
営業時間／ 9:00 ～ 18:00　水曜・第 3 火曜休
市バス「千本今出川」下車徒歩約 3 分

10分
http://ayakotenmangu.or.jp/

p.268〜269【地図K】

㋢上徳寺（世継地蔵）
京都市下京区富小路通五条下ル本塩竈町577
TEL／075-351-4360
拝観時間／9:00〜17:00
京阪本線「清水五条」駅より徒歩約5分、または市バス「河原町五条」下車徒歩約2分

p.270〜271【地図J】

㋣蓮光寺
京都市下京区富小路通六条上ル本塩竈町534
TEL／075-351-3066
京阪本線「清水五条」駅より徒歩約8分、または地下鉄烏丸線「五条」駅より徒歩約6分、または市バス「河原町五条」下車徒歩約5分

p.271〜272【地図J】

㋤東本願寺（真宗本廟）
京都市下京区烏丸通七条上ル
TEL／075-371-9181
開門・閉門／3〜10月5:50〜17:30（受付は16:30まで）、11〜2月6:20〜16:30（受付は15:30まで）
JR「京都」駅烏丸口より徒歩約7分、または地下鉄烏丸線「五条」駅より徒歩約5分、または市バス「烏丸七条」下車すぐ
http://www.higashihonganji.or.jp/

p.273〜276【地図K】

㋥若宮八幡宮
京都市東山区五条橋東5-480
TEL／075-561-1261
拝観自由
京阪本線「清水五条」駅より徒歩約6分

p.277〜278【地図K】

■本書に登場するお店リスト（ルートごと、登場順）

第一の道……………………………………………………………………

❶あぶり餅かざりや
京都市北区紫野今宮町96
TEL／075-491-9402
営業時間／10:00〜17:00　水曜休（1日・15日・祝日が水曜日の場合は営業し、翌木曜休）
市バス「今宮神社前」下車すぐ、または市バス「船岡山」下車徒歩約7分

p.20〜21【地図A】

市バス「熊野神社前」下車すぐ、または京阪鴨東線「神宮丸太町」駅より徒歩約7分

p.228〜230【地図I】

ⓢ熊野神社

京都市左京区聖護院山王町43
TEL／075-771-4054
拝観時間／7:00〜17:30　受付時間／9:00〜17:00　拝観無料
市バス「熊野神社前」下車すぐ、または京阪鴨東線「神宮丸太町」駅より徒歩約5分

p.230〜232【地図I】

第七の道……………………………………………………………………

ⓢ豊国神社

京都市東山区大和大路正面茶屋町
TEL／075-561-3802
拝観自由　無休
市バス「博物館三十三間堂前」下車徒歩約5分、または京阪本線「七条」駅より徒歩約10分

p.249〜255【地図J】

ⓢ方広寺

京都市東山区正面通大和大路東入ル茶屋町527-2
拝観時間／9:00〜16:00
京阪本線「七条」駅より徒歩約8分

p.251〜253【地図J】

ⓣ専定寺（烏寺）

京都市東山区本町4-238
TEL／075-541-0892
非公開につき、拝観の際にはお声がけください
市バス「博物館三十三間堂前」下車徒歩約8分

p.257〜259【地図J】

ⓣ渉成園（枳殻邸）

京都市下京区烏丸通七条上ル
TEL／075-371-9210
拝観時間／3〜10月9:00〜17:00（受付は16:30まで）、11〜2月9:00〜16:00（受付は15:30まで）　協力寄付金500円以上
市バス「烏丸七条」下車徒歩約5分、または地下鉄烏丸線「五条」駅より徒歩約7分
https://www.higashihonganji.or.jp/about/guide/shoseien/

p.264〜268【地図J】

ⓣ文子天満宮

京都市下京区間ノ町花屋町下ル天神町400
TEL／075-361-0996
JR「京都」駅烏丸口より徒歩約8分、または京阪本線「七条」駅より徒歩約

分
https://munetadajinja.jp/

p.211～213【地図 H】

㋕**真正極楽寺（真如堂）**
京都市左京区浄土寺真如町 82
TEL ／ 075-771-0915
拝観時間／ 9:00 ～ 16:00（入場は 15:45 まで） 拝観料 500 円
市バス「錦林車庫前」下車徒歩約 8 分、または「真如堂前」下車徒歩約 8 分
http://shin-nyo-do.jp/

p.213～218【地図 H】

㋖**後一條天皇 菩提樹院陵**
京都市左京区吉田神楽岡町
市バス「錦林車庫前」下車徒歩約 10 分
https://www.kunaicho.go.jp/ryobo/guide/068/index.html

p.219【地図 H】

㋗**陽成天皇 神楽岡東陵**
京都市左京区浄土寺真如町
市バス「錦林車庫前」下車徒歩約 10 分
https://www.kunaicho.go.jp/ryobo/guide/057/index.html

p.219【地図 H】

㋘**金戒光明寺**
京都市左京区黒谷町 121
TEL ／ 075-771-2204
拝観時間／ 9:00 ～ 16:00（本殿のみ。庭園・山門の特別公開日もあり）
市バス「岡崎道」下車徒歩約 10 分
http://www.kurodani.jp/

p.219～221【地図 H】

㋙**須賀・交通神社**
京都市左京区聖護院円頓美町 1
TEL ／ 075-771-1178
受付時間／ 9:00 ～ 17:00 拝観自由
市バス「熊野神社前」下車徒歩約 5 分

p.222～223【地図 I】

㋚**積善院準提堂**
京都市左京区聖護院中町 14
TEL ／ 075-761-0541
拝観時間／ 9:00 ～ 16:30 拝観自由
市バス「熊野神社前」下車徒歩約 3 分、または京阪鴨東線「神宮丸太町」駅より徒歩約 10 分
https://www.shakuzen-in.kyoto/

p.223～226【地図 I】

㋛**御辰稲荷神社**
京都市左京区聖護院円頓美町 29-1
TEL・FAX ／ 075-771-9349
17:00 閉門 拝観自由

拝観自由
阪急京都線「大宮」駅下車徒歩約5分、または市バス「壬生寺道」下車すぐ
https://motogion-nagijinja.or.jp/

p.176〜178【地図G】

ⓝ春日神社
京都市右京区西院春日町61
TEL／075-312-0474
授与受付／9:00〜18:00
阪急京都線「西院」駅より徒歩約3分、または市バス「西大路四条」下車徒歩約3分
http://www.kasuga.or.jp/

p.181〜184【地図G】

第六の道……………………………………………………………………

㋐吉田神社
京都市左京区吉田神楽岡町30
TEL／075-771-3788
受付時間／9:00〜16:30、社務所開設時間〜17:00、本殿の参拝は6:30〜、大元宮は16:00まで。それ以外は拝観自由　拝観無料
市バス「京大正門前」下車徒歩約5分
https://www.yoshidajinja.com/access.htm

p.203〜206【地図H】

㋑大元宮
京都市左京区吉田神楽町30（吉田神社内）
TEL／075-771-3788
閉門16:00、中に入って参拝できるのは毎月1日
市バス「京大正門前」下車徒歩約9分

p.207, p.210〜211【地図H】

㋒菓祖神社
京都市左京区吉田神楽町30（吉田神社内）
TEL／075-771-3788
市バス「京大農学部前」下車すぐ
http://kyotokashioroshi.jp/okashi02.html

p.207〜208【地図H】

㋓山蔭神社
京都市左京区吉田神楽町30（吉田神社内）
TEL／075-771-3788
市バス「京大正門前」下車徒歩約5分

p.208〜210【地図H】

㋔宗忠神社
京都市左京区吉田下大路町63
TEL／075-771-2700
市バス「錦林車庫前」下車徒歩約10分、または「真如堂前」下車徒歩約10

拝観時間／8:00 ～ 16:30
阪急京都線「京都河原町」駅より徒歩約 5 分、または市バス「四条河原町」下車徒歩約 5 分
http://www7a.biglobe.ne.jp/~takoyakusido/

p.160～162【地図 E】

㋵西光寺（寅薬師堂）
京都市中京区新京極通蛸薬師上ル中筋町 495-1
TEL ／ 075-211-1938
拝観時間／ 10:00 ～ 16:30
阪急京都線「京都河原町」駅より徒歩約 5 分

p.162～164【地図 E】

㋶善長寺（立江地蔵尊）
京都市中京区東側町 518
阪急京都線「京都河原町」駅より徒歩約 6 分

p.164～165【地図 E】

㋷神明神社
京都市下京区神明町 246
地下鉄烏丸線「四条」駅より徒歩約 4 分

p.166～167【地図 F】

㋸日吉神社
京都市下京区室町通高辻入ル山王町
地下鉄烏丸線「四条」駅より徒歩約 2 分

p.167～168【地図 F】

㋹繁昌神社
京都市下京区高辻通室町西入ル繁昌町 308
拝観無料
地下鉄烏丸線「四条」駅より徒歩約 5 分、または阪急電鉄「烏丸」駅より徒歩約 5 分

p.168～171【地図 F】

㋺菅大臣神社
京都市下京区仏光寺通新町西入ル菅大臣町 187-1
TEL ／ 075-351-6389
拝観時間／ 9:00 ～ 17:00　拝観無料
地下鉄烏丸線「四条」駅より徒歩約 5 分、または阪急京都線「烏丸」駅より徒歩約 7 分

p.171～174【地図 F】

㋻大原神社
京都市下京区綾小路通室町西入ル善長寺町 135
TEL ／ 075-343-1506
地下鉄烏丸線「四条」駅より徒歩約 5 分、または阪急京都線「烏丸」駅より徒歩約 5 分

p.174～175【地図 F】

㋾梛神社（元祇園 梛神社）・隼神社
京都市中京区壬生梛ノ宮町 18-2
TEL ／ 075-841-4069

ⓜ閑院宮邸跡
京都市上京区京都御苑 3　環境省京都御苑管理事務所
TEL ／ 075-211-6348
拝観時間／ 9:00 ～ 16:30（受付は 16:00 まで）　休業日／月曜、12 月 29 日～1 月 3 日
地下鉄烏丸線「丸太町」駅より徒歩約 4 分

p.132～134【地図 D】

第五の道

ⓜ八坂神社
京都市東山区祇園町北側 625
TEL ／ 075-561-6155
受付時間／ 9:00 ～ 17:00（社務所）　境内 24 時間参拝可能
京阪本線「祇園四条」駅より徒歩約 5 分、または阪急京都線「京都河原町」駅より徒歩約 8 分、または市バス「祇園」下車すぐ
http://www.yasaka-jinja.or.jp/

p.146～151【地図 E】

ⓜ高山寺（賽の河原）
京都市右京区西院高山寺町 18
TEL ／ 075-311-1848
拝観時間／ 7:00 ～ 17:00 頃
阪急京都線「西院」駅より徒歩約 2 分、または市バス「西大路四条」下車徒歩約 2 分

p.146, p.180～181【地図 G】

ⓜ仲源寺
京都市東山区祇園町南側 585
TEL ／ 075-561-1273
拝観時間／ 7:00 ～ 17:30（受付は 9:00 ～ 16:30）　拝観無料
市バス「四条京阪前」で下車徒歩約 1 分、または京阪本線「祇園四条」駅より徒歩約 1 分

p.153～155【地図 E】

ⓨ錦天満宮
京都市中京区新京極通四条上ル中之町 537
TEL ／ 075-231-5732
拝観時間／ 8:00 ～ 20:00
京阪本線「祇園四条」駅より徒歩約 10 分、または阪急京都線「京都河原町」駅より徒歩約 10 分、または市バス「四条河原町」で下車徒歩約 5 分
https://nishikitenmangu.or.jp/

p.158～160【地図 E】

ⓨ永福寺（蛸薬師堂）
京都市中京区新京極通蛸薬師東側町 503
TEL ／ 075-255-3305

㋨カトリック西陣聖ヨゼフ教会
京都市上京区新町通一条上ル一条殿町 502-1
TEL ／ 075-441-2525
地下鉄烏丸線「今出川」駅より徒歩約 10 分

p.111〜113【地図 D】

㋩護王神社
京都市上京区烏丸通下長者町下ル桜鶴円町 385
TEL ／ 075-441-5458
拝観時間／ 6:00 〜 21:00（ご祈禱・授与所受付は 9:30 〜 16:30）
地下鉄烏丸線「丸太町」駅より徒歩約 7 分、または市バス「烏丸下長者町」下車すぐ
http://www.goojinja.or.jp/

p.115〜121【地図 D】

㋪菅原院天満宮神社
京都市上京区烏丸通下立売下ル堀松町 408
TEL ／ 075-211-4769
拝観時間／ 7:00 〜 17:00　拝観無料
地下鉄烏丸線「丸太町」駅より徒歩約 5 分、または市バス「烏丸下立売」下車すぐ
https://sugawarain.jp/

p.121〜123【地図 D】

㋫京都御苑（京都御所）
京都市上京区京都御苑 3
TEL ／ 075-211-6348
拝観自由
市バス「府立医大病院前」下車徒歩約 7 分
https://fng.or.jp/kyoto/

p.126【地図 D】

㋬白雲神社
京都市上京区京都御苑内
TEL ／ 075-211-1857
拝観時間／ 6:00 〜 18:00
地下鉄烏丸線「丸太町」駅より徒歩約 9 分

p.126〜128【地図 D】

㋭宗像神社
京都市上京区京都御苑 9
TEL ／ 075-231-6080
地下鉄烏丸線「丸太町」駅より徒歩約 5 分

p.129〜130【地図 D】

㋮厳島神社
京都市上京区京都御苑内 6 番地
TEL ／ 075-211-4769
地下鉄烏丸線「丸太町」駅より徒歩約 5 分

p.131〜132【地図 C】

市バス「今出川浄福寺」下車徒歩約4分

p.73〜75【地図B】

㋡華光寺

京都市上京区出水通六軒町西入ル七番町331
TEL／075-841-5807
拝観時間／9:00〜15:00　拝観無料
市バス「千本出水」下車徒歩約2分、または地下鉄東西線「二条」駅より徒歩約10分

p.81〜82【地図B】

㋢光清寺

京都市上京区出水通六軒町西入ル七番町339
TEL／075-841-5630
拝観時間／7:00〜17:00
市バス「千本出水」下車徒歩約2分
https://koseiji.kyoto.jp/

p.82〜83【地図B】

㋣五劫院

京都市上京区出水通七本松東入ル七番町348
市バス「千本出水」下車徒歩約3分

p.83〜84【地図B】

㋤観音寺

京都市上京区三番町
市バス「千本出水」下車徒歩約4分

p.84〜85【地図B】

㋥極楽寺

京都市上京区三番町
市バス「千本出水」下車徒歩約4分

p.85〜86【地図B】

㋦地福寺

京都市上京区七本松通出水下ル七番町356
TEL／075-841-7630
拝観時間／9:00〜16:00頃
市バス「七本松出水」下車徒歩約1分、またはJR「二条」駅より徒歩約15分

p.86〜87【地図B】

第四の道……………………………………………………………………

㋧霊光殿天満宮

京都市上京区新町通今出川下ル
TEL／075-431-4763
拝観時間／6:30〜18:00頃　拝観無料
地下鉄烏丸線「今出川」駅より徒歩約5分

p.108〜111【地図D】

TEL ／ 075-441-8678
境内拝観 6:00 ～ 16:30（観音像を拝観したい方は事前連絡）
市バス「今出川浄福寺」下車徒歩約 5 分
https://www.uhoin.com/

p.59～61【地図 A, B】

ⓢ岩上神社
京都市上京区浄福寺通上立売大黒町
拝観無料
市バス「今出川浄福寺」下車徒歩約 4 分

p.61～63【地図 A, B】

ⓢ総本山 本隆寺
京都市上京区智恵光院通五辻上ル紋屋町 330
TEL ／ 075-441-5762
境内拝観自由（本堂を拝観したい方は事前連絡）
市バス「今出川大宮」下車徒歩約 5 分
http://www.hokkeshu.jp/honzan.html

p.63～64【地図 A, B】

ⓢ首途八幡宮
京都市上京区智恵光院通今出川上ル桜井町 102-1
TEL ／ 075-431-0977
拝観自由
市バス「今出川大宮」下車徒歩約 5 分
http://www.nishijin.net/kadodehachimangu/index.htm

p.64～66【地図 B】

ⓢ西陣中央小学校（観世稲荷社）
京都市上京区大宮通今出川上ル観世町 135-1
TEL ／ 075-432-5522
市バス「今出川大宮」下車徒歩約 3 分

p.67～68【地図 B】

ⓢ京都市考古資料館
京都市上京区今出川通大宮東入ル元伊佐町 265-1
TEL ／ 075-432-3245
開館時間／ 9:00 ～ 17:00（入館は 16:30 まで）
地下鉄烏丸線「今出川」駅より徒歩約 10 分、または市バス「堀川今出川」下車徒歩約 2 分
http://www.kyoto-arc.or.jp/museum

p.70～71【地図 B】

ⓣ智恵光院
京都市上京区智恵光院通一条上ル智恵光院前之町 601
市バス「智恵光院中立売」下車徒歩約 5 分

p.73【地図 B】

ⓣ浄福寺
京都市上京区浄福寺一条上笹屋 2-601
TEL ／ 075-441-0058
釈迦堂のご開帳は毎月 25 日の 14:00 ～　拝観無料

拝観自由　受付時間は 10:00 〜 16:00
市バス「大徳寺前」下車徒歩約 8 分
http://yasurai.org/index.html

p.35【地図 A】

㋔小野篁卿墓・紫式部墓所
京都府京都市北区紫野西御所田町
市バス「北大路堀川」下車徒歩約 3 分

p.36〜37【地図 A】

第二の道……………………………………………………………………………………

㋕六道珍皇寺
京都市東山区大和大路通四条下ル四丁目小松町 595
TEL ／ 075-561-4129
拝観自由　休館日／ 12 月 28 〜 31 日
市バス「清水道」下車徒歩約 5 分
http://www.rokudou.jp/

p.38【地図 E】

㋖引接寺（千本ゑんま堂）
京都市上京区千本通寺之内上ル閻魔前町 34
TEL ／ 075-462-3332
拝観時間／ 9:00 〜 16:30　拝観無料
市バス「千本鞍馬口」または「乾隆校前」下車すぐ
http://yenmado.blogspot.jp/

p.39〜46【地図 A】

㋗石像寺（釘抜地蔵）
京都市上京区千本通上立売上ル花車町 503
TEL ／ 075-414-2233
拝観時間／ 8:30 〜 16:30　拝観無料
市バス「千本上立売」下車徒歩約 3 分

p.46〜49【地図 A, B】

㋘浄土院（湯たく山茶くれん寺）
京都市上京区上善寺町 179
TEL ／ 075-461-0701
要事前予約
市バス「千本今出川」下車徒歩約 1 分
http://jodoin.hotcom-web.com/wordpress/

p.56〜58【地図 B】

第三の道……………………………………………………………………………………

㋙雨宝院（西陣聖天宮）
京都市上京区智恵光院通上立売上ル聖天町 9-3

◎本書で主に紹介した寺社・店舗リスト（編集部調べ）

※掲載している情報は、すべて2023年9月現在のものです。
　お店の営業時間、寺院の拝観時間等は変動する可能性があり
　ますので、事前にお問い合わせの上、ご訪問ください。
※ページ数は本文中掲載ページです。
※地図はp.298～309に、エリア別に掲載しています。
※丸囲みの仮名と丸数字は、地図内のものに対応しています。

■本書に登場する主な寺院・神社リスト（ルートごと、登場順）

第一の道……………………………………………………………………………

㋐今宮神社
京都市北区紫野今宮町21
TEL／075-491-0082
拝観自由　受付は9:00～17:00
市バス「今宮神社前」下車すぐ
http://www.imamiyajinja.org/
p.21～25【地図A】

㋑大徳寺
京都市北区紫野大徳寺町53
TEL／075-491-0019
本堂は16:00まで　拝観時間は塔頭による
市バス「大徳寺前」下車徒歩すぐ
http://www.rinnou.net/cont_03/07daitoku/
p.26～28【地図A】

高桐院（大徳寺内）
京都市北区紫野大徳寺町73-1
TEL／075-492-0068
拝観時間／9:00～16:30（閉門16:20）　拝観料400円
市バス「大徳寺前」、または「建勲神社前」下車徒歩約5分
p.29～30【地図A】

㋒建勲神社
京都市北区紫野北舟岡町49
TEL／075-451-0170
拝観自由
市バス「建勲神社前」下車徒歩約7分
http://kenkun-jinja.org/
p.35【地図A】

㋓玄武神社
京都市北区紫野雲林院町88
TEL／075-451-4680

本文デザイン／盛川和洋
図版制作／デマンド

知恵の森
KOBUNSHA

ふらりと歩《ある》き　ゆるりと食《た》べる京都《きょうと》

著　者―柏井　壽（かしわい ひさし）

2023年　10月20日　初版1刷発行

発行者―三宅貴久
組　版―萩原印刷
印刷所―萩原印刷
製本所―ナショナル製本
発行所―株式会社光文社
東京都文京区音羽1-16-6 〒112-8011
電　話―編集部(03)5395-8282
書籍販売部(03)5395-8116
業務部(03)5395-8125
メール―chie@kobunsha.com

ISBN978-4-334-10084-1　Printed in Japan

78737-0
tか7-6

柏井　壽

日本百名宿

温泉宿あり、便利な街中ホテルあり、食事が自慢のオーベルジュあり。北海道から沖縄まで、一年を通して全国の宿を泊まり歩く著者が繰り返し通う、〝癒やしの宿〟100選。

968円

78685-4
tう4-1

烏賀陽百合《うがやゆり》

一度は行ってみたい京都「絶景庭園」

文庫オリジナル

四季折々に美しい庭、見る角度で景色を変える庭―庭は奥が深い。そして愉しい。京都で活躍するガーデンデザイナーが、美しい写真とともに、その見どころを徹底ガイドする。

924円

78744-8
tか9-1

刈部《かりべ》　山本《やまもと》

東京「裏町メシ屋」探訪記

文庫書下ろし

町の生活に根ざした文化の痕跡を路地裏から見て、そこにある店で食事をすると、その土地ならではの空気を感じることができる。町の裏側とそこに根ざしたメシ屋を巡る探訪記。

902円

78331-0
cう2-1

浦《うら》　一也《かずや》

旅はゲストルーム

測って描いたホテルの部屋たち

アメリカ、イタリア、イギリスから果てはブータンまで。設計者の目でとらえた世界のホテル六十九室。実測した平面図が新しい旅の一面を教えてくれる。

946円

78727-1
tか3-6

河合《かわい》　敦《あつし》

日本史は逆から学べ

近現代から原始・古代まで「どうしてそうなった?」でさかのぼる

文庫書下ろし

歴史の勉強は、現時点から遡るように学んでいく方が、因果関係がつかみやすく歴史への理解は深まる―その信念の元に、日本史を近現代から古代まで紐解いていく、全く新しい歴史書。

858円

78753-0
tい16-1

井沢《いざわ》　元彦《もとひこ》

伝説の日本史　第1巻　神代・奈良・平安時代

「怨霊信仰」が伝説を生んだ

〝伝説〟が作られなくてはならなかった背景を見ずに、歴史というものを本当に理解することはできない。実証主義にこだわることで見落としてしまっている歴史上の人物の真実に迫る。

748円